Liebe,
die Erfüllung des Gesetzes

Liebe,
die Erfüllung des Gesetzes

Dr. Jaerock Lee

Liebe, die Erfüllung des Gesetzes von Dr. Jaerock Lee
Veröffentlicht von Urim Books (Vertreten durch: Johnny H. kim)
73, Yeouidaebang-ro 22-gil, Dongjak-gu, Seoul, Korea
www.urimbooks.com

Alle Rechte vorbehalten. Dieses Buch oder Teile davon dürfen nicht ohne vorherige schriftliche Genehmigung des Herausgebers in irgendeiner Art reproduziert, auf Datenträgern gespeichert, elektronisch oder mechanisch übertragen oder fotokopiert werden.

Alle Schriftstellen sind, wenn nicht anders angegeben, der Revidierten Elberfelder Bibel (online) entnommen.

Urheberrecht © 2010 Dr. Jaerock Lee
ISBN: 979-11-263-0804-0 03230
Urheberrecht der Übersetzung © 2013 Dr. Esther K. Chung. Mit freundlicher Genehmigung.

Erste Ausgabe: August 2021

Ursprünglich 2009 von Urim Books in Seoul auf Koreanisch veröffentlicht

Redaktion: Dr. Geumsun Vin
Gestaltet vom Editorial Bureau von Urim Books
Druck: Yewon Printing Company
Für weitere Informationen: urimbook@hotmail.com

*„Die Liebe tut dem Nächsten nichts Böses.
Die Erfüllung des Gesetzes ist also die Liebe."*

Römer 13,10

Vorwort

In der Hoffnung, dass die Leser das neue Jerusalem durch die geistliche Liebe in Besitz nehmen...

Eine Werbeagentur in Großbritannien befragte die Öffentlichkeit, wie man am schnellsten vom schottischen Edinburgh nach London kommt. Sie wollte demjenigen, dessen Antwort ausgewählt wurde, eine große Belohnung geben. Die Antwort lautete: „Reise mit jemandem, den du liebst." Wir wissen, wenn wir mit jemand anderem, den wir lieb haben, reisen, fühlt sich selbst eine lange, beschwerliche Reise kurz an. Genauso ist es nicht schwierig, Gottes Wort zu praktizieren, wenn wir Ihn lieben (1. Johannes 5,3). Gott wollte uns das Leben schwer nicht machen, als Er uns das Gesetz gab und sagte, wir sollen Seine Gebote einhalten.

Das Wort „Gesetz" kommt vom hebräischen Wort „Thora", es bedeutet „Satzung" und „Lektion". Mit „Thora" bezeichnet man normalerweise den „Pentateuch", also die fünf Bücher Mose im Alten Testament, wo die Zehn Gebote zu finden sind. Doch mit „Gesetz" sind manchmal einfach die 66 Bücher, aus denen die Bibel besteht, gemeint - oder aber Satzungen Gottes, die uns sagen, was wir tun und lassen, behalten oder ablegen sollen.

Mancher mag denken, Gesetz und Liebe hätten nichts miteinander zu tun, aber man kann sie nicht trennen. Liebe gehört zu Gott und ohne Gott zu lieben, können wir das ganze Gesetz nicht einhalten. Das Gesetz kann nur erfüllt werden, wenn wir es aus Liebe heraus praktizieren.

Es gibt eine Geschichte, die uns zeigt, wir mächtig Liebe ist. Ein junger Mann stürzte mit einem kleinen Flugzeug in einer Wüste ab, als er diese überflog. Sein Vater war ein sehr reicher Mann und heuerte ein Rettungsteam an, das seinen Sohn finden sollte. Doch es fand ihn nicht. So ließ er über der Wüste Millionen von Flugblättern abwerfen. Auf den Flugblättern stand: „Sohn, ich liebe dich." Der Sohn irrte durch die Wüste, als er eines davon fand. Er ließ sich davon sehr ermutigen, gab nicht auf und wurde schließlich gefunden. Die echte Liebe des Vaters rettete seinen Sohn. So wie jener Vater diese Flugblätter über der ganzen Wüste abwerfen ließ, haben wir die Pflicht, die Liebe Gottes an zahllose Seelen weiter zu geben.

Gott bewies Seine Liebe, indem Er Seinen einzigen Sohn, Jesus, auf diese Welt sandte, um die sündige Menschheit zu retten. Doch die religiösen Menschen konzentrierten sich zu Jesu Lebzeiten nur auf die formalen Aspekte des Gesetzes und verstanden die wahre Liebe Gottes nicht. Am Ende verurteilten sie den Sohn Gottes, Jesus, als Gotteslästerer, der das Gesetz abschaffen wollte, bevor sie Ihn kreuzigen ließen. Ihnen war die Liebe Gottes, die im Gesetz steckte, nicht klar.

In 1. Korinther 13 finden wir ein Beispiel für „geistliche Liebe". Es beschreibt die Liebe Gottes, der Seinen eingeborenen Sohn sandte, um uns, die wir in unserer Sünde hätten sterben sollen, zu retten. Es zeigt uns die Liebe des Herrn, der uns so sehr liebte, dass Er die Herrlichkeit des Himmels hinter sich ließ und am Kreuz starb. Wenn auch wir die Liebe Gottes an die zahlreichen sterbenden Seelen in dieser Welt weitergeben wollen, müssen wir diese geistliche Liebe verstehen und praktizieren.

„Ein neues Gebot gebe ich euch, dass ihr einander liebt,

damit, wie ich euch geliebt habe, auch ihr einander liebt. Daran werden alle erkennen, dass ihr meine Jünger seid, wenn ihr Liebe untereinander habt." (Johannes 13,34-35)

Das vorliegende Buch wurde veröffentlicht, so dass die Leser prüfen können, in welchem Maße sie geistliche Liebe kultivieren und inwieweit sie sich von der Wahrheit haben verändern lassen. Ich danke Geumsun Vin, der Direktorin unserer Redaktion und ihrem Team, und hoffe, dass alle Leser das Gesetz mit Liebe erfüllen und am Ende das neue Jerusalem in Besitz nehmen, denn es ist der schönste Ort im Himmel.

Jaerock Lee

Einleitung

In der Hoffnung, dass die Leser durch die Wahrheit Gottes verändert werden, indem sie die vollkommene Liebe kultivieren...

Ein TV-Sender führte eine Umfrage unter verheirateten Frauen durch. Die Frage war, ob sie denselben Mann noch einmal heiraten würden, wenn sie noch einmal einen Ehemann aussuchen könnten. Das Ergebnis war schockierend. Nur vier Prozent der Frauen hätten denselben Mann wiedergewählt. Ursprünglich dürften sie ihren Mann geheiratet haben, weil sie ihn liebten. Aber warum änderten so viele ihre Meinung als sie an einer Umfrage teilnahmen? Der Grund ist, dass sie ihren Mann nicht mit einer geistlichen Liebe liebten. Dieses Buch, Liebe, die Erfüllung des Gesetzes, wird uns etwas über geistliche Liebe lehren.

In Teil 1, „Die Bedeutung der Liebe", geht es um die verschiedenen Formen der Liebe, die es zwischen Ehemann und Ehefrau, Eltern und Kindern sowie unter Freunden und Nachbarn gibt, so dass wir eine Vorstellung von dem Unterschied bekommen, der zwischen fleischlicher und geistlicher Liebe besteht. Geistlich zu lieben bedeutet, den anderen von ganzem Herzen unveränderlich zu lieben, ohne dafür etwas als Gegenleistung zu verlangen, während sich fleischliche Liebe von Situation zu Situation ändert. Genau deshalb ist die geistliche Liebe so kostbar und schön.

In Teil 2, „Liebe, wie im Kapitel der Liebe", wird 1. Korinther 13 in drei Kategorien unterteilt. Der erste Teil, „Die Art der Liebe, die Gott sich wünscht" (1. Korinther 13,1-3), ist die Einführung in das Kapitel, die betont, wie wichtig geistliche Liebe ist. In Teil 2, „Die Eigenschaften der Liebe" (1. Korinther 13,4-7), dem Hauptteil vom Hohelied der Liebe, geht es um die 15 Eigenschaften der geistlichen Liebe. Im dritten und letzten Teil wird schließlich „Die vollkommene Liebe" beschrieben. Dort erfahren wir, dass Glaube und Hoffnung für eine gewisse Zeit nötig sind, während wir in unserem irdischen Leben auf das Königreich der Himmel zumarschieren, wohingegen Liebe ewig währt, sogar im himmlischen Reich.

Teil 3 ist überschrieben mit: „Die Liebe ist die Erfüllung des Gesetzes." Darin wird erklärt, was es bedeutet, das Gesetz mit Liebe zu erfüllen. Es bringt uns auch die Liebe Gottes nahe, der uns Menschen auf der Erde platzierte und uns erzieht. Ebenso geht es um die Liebe Jesu Christi, der den Weg der Erlösung für uns bahnte.

Das Hohelied der Liebe ist nur eins von 1.189 Kapiteln in der Bibel. Dennoch ist es wie eine wertvolle Landkarte, die uns zeigt, wo die größten Schätze zu finden sind, denn es lehrt uns den Weg zum neuen Jerusalem im Detail. Wir haben die Karte und kennen den Weg, doch all das nützt uns nichts, wenn wir den Weg, der uns gewiesen wurde, nicht einschlagen. Anders ausgedrückt bringt es uns nichts, wenn wir die geistliche Liebe nicht in die Tat umsetzen.

Gott freut sich über geistliche Liebe. Jedoch können wir sie nur in dem Maße in Besitz nehmen, wie wir das Wort Gottes - die Wahrheit - hören und praktizieren. Wenn wir die geistliche Liebe einmal haben, können wir Gottes Liebe und Segnungen empfangen und am Ende ins neue Jerusalem, den schönsten Ort im Himmel, eintreten. Liebe ist der ultimative Beweggrund hinter der Schöpfung des Menschen und seiner Geschichte mit Gott. Ich bete, dass alle Leser zunächst Gott und ihre Nächsten wie sich selbst lieben, damit sie die Schlüssel bekommen, um die Perlentore im neue Jerusalem öffnen zu können.

Geumsun Vin
Direktorin unserer Redaktion

Inhaltsverzeichnis

Vorwort · VII

Einführung · XI

Teil 1 Die Bedeutung der Liebe

    Kapitel 1 Geistliche Liebe · 2

    Kapitel 2 Fleischliche Liebe · 10

Teil 2 Liebe wie im Kapitel der Liebe

    Kapitel 1 Die Art der Liebe, die Gott sich wünscht · 24

    Kapitel 2 Die Eigenschaften der Liebe · 42

    Kapitel 3 Die vollkommene Liebe · 160

Teil 3 Liebe, die Erfüllung des Gesetzes

    Kapitel 1 Die Liebe Gottes · 172

    Kapitel 2 Die Liebe Christi · 184

Liebe, die Erfüllung des Gesetzes

„Und wenn ihr liebt, die euch lieben, was für einen Dank habt ihr? Denn auch die Sünder lieben, die sie lieben."

Lukas 6,32

Teil 1
Die Bedeutung der Liebe

Kapitel 1 : Geistliche Liebe

Kapitel 2 : Fleischliche Liebe

Geistliche Liebe

„Geliebte, lasst uns einander lieben! Denn die Liebe ist aus Gott; und jeder, der liebt, ist aus Gott geboren und erkennt Gott. Wer nicht liebt, hat Gott nicht erkannt, denn Gott ist Liebe."

(1. Johannes 4,7-8)

Allein wenn wir das Wort „Liebe" hören, bekommen wir Herzklopfen und unsere Gedanken kommen in Wallung. Wenn wir in unserem Leben jemanden wirklich lieben können und das auf Gegenseitigkeit beruht, dann ist das ein Leben, dass in höchstem Maße von Glück geprägt ist. Manchmal erfahren wir von Leuten, die lebensbedrohliche Situationen überwinden und anschließend durch die Macht der Liebe ein schönes Leben führen. Liebe ist ein Muss für ein glückliches Leben; sie hat große Macht, Leben zu verändern.

Im Merriam-Webster, einem englischen Online-Wörterbuch, wird Liebe wie folgt definiert: „eine starke Zuneigung für jemand anderen, die aus Verbundenheit oder einer persönlichen Beziehung entsteht; Zuneigung aufgrund von Bewunderung, Wohlwollen oder gemeinsamen Interessen." Doch die Art von Liebe, über die Gott spricht, ist auf einer höheren, geistlichen Ebene. Geistliche Liebe trachtet nach dem, was anderen gut tut; sie bereitet anderen Freude, gibt ihnen Hoffnung und Leben und sie verändert sich nie. Außerdem tut sie uns nicht nur vorübergehend hier auf Erden gut, sondern führt unsere Seele zur Errettung und schenkt uns das ewige Leben.

Die Geschichte einer Frau, die ihren Ehemann mit in die Gemeinde brachte

Es gab eine Frau, die in ihrem Leben als Christin treu war. Aber ihrem Ehemann gefiel es nicht, dass sie in die Gemeinde ging und er machte es ihr immer schwer. Nichtsdestotrotz ging sie täglich bei Tagesanbruch zum Gebet und betete für ihren Mann. Eines Morgens hatte sie sogar die Schuhe ihres Mannes dabei, als sie zum Gebet kam. Sie hielt sie sich vor die Brust und betete unter Tränen: „Gott, heute kamen nur diese Schuhe mit zur Gemeinde, aber das nächste Mal, wird auch ihr Besitzer mitkommen."

Nach einiger Zeit geschah etwas Erstaunliches. Ihr Mann kam in die Gemeinde. Und das kam so: Ab einem gewissen Zeitpunkt spürte der Ehemann jedes Mal, wenn er das Haus verließ, um zur Arbeit zu gehen, etwas Warmes in seinen Schuhen. Eines Tages sah er, wie seine Frau das Haus mit seinen Schuhen verließ und folgte ihr. Sie ging in eine Gemeinde.

Erst war er verärgert, aber seine Neugier war zu stark. Er wollte herausfinden, was sie mit seinen Schuhen in der Gemeinde machte. Als er leise ins Gebäude trat, sah er, dass seine Frau seine Schuhe beim Beten ganz fest an ihre Brust drückte. Er höre, was sie betete und jedes einzelne Wort, das sie sprach, war für sein Wohlergehen und zum Segen für ihn. Das berührte sein Herz und er bereute, wie er seine Frau behandelt hatte. Am Ende war er so von der Liebe seiner Frau bewegt, dass er ein hingegebener Christ wurde.

Oft bitten mich Ehefrauen in einer solchen Situation um Gebet. Dabei sagen sie meistens: „Mein Ehemann macht mir das Leben schwer, nur weil ich in den Gottesdienst komme. Bitte bete doch, dass er aufhört, mich zu verfolgen." Meine Antwort lautet: „Heilige dich schnell und wandle im Geist. Auf diese Weise löst du dein Problem." Dann begegnen sie ihren Ehemännern mit mehr geistlicher Liebe, werfen ihre Sünden ab und wandeln im Geist. Welcher Ehemann wird seiner Frau das Leben schwer machen, wenn sie ein geheiligtes Leben führt und ihm von ganzem Herzen dient? In der Vergangenheit mag die Frau allein ihrem Ehemann die ganze Schuld gegeben haben, doch wenn sie sich von der Wahrheit verwandeln lässt, bekennt sie, dass sie die Schuldige war und demütigt sich. Dann vertreibt die geistliche Liebe die Finsternis und ihr Mann kann verändert werden. Wer sollte für jemanden beten, der ihm das Leben schwer macht? Wer würde sich opfern für einen vernachlässigten Nachbarn und ihm wahre Liebe erweisen? Kinder Gottes, die sich echte Liebe vom Herrn haben zeigen lassen, können diese Art der Liebe an andere Menschen weitergeben.

Die beständige Liebe und Freundschaft zwischen David und Jonathan

Jonatan war der Sohn von Saul, dem König von Israel. Als er sah, wie David den Vorkämpfer aus dem Lager der Philister, Goliat, mit einer Schleuder und einem Stein erledigte, erkannte er in David einen Kämpfer, auf den der Geist Gottes gekommen war. Da Jonatan selbst ein General in der Armee war, war sein Herz vom Mut Davids ergriffen. Von dem Zeitpunkt an liebte Jonatan David wie sich selbst und sie entwickelten eine sehr starke freundschaftliche Beziehung. Jonatan liebte David so sehr, dass er nichts zurückhielt, wenn es um David ging.

Und es geschah, als er aufgehört hatte, mit Saul zu reden, verband sich die Seele Jonatans mit der Seele Davids; und Jonatan gewann ihn lieb wie seine eigene Seele. Und Saul nahm ihn an jenem Tag zu sich und ließ ihn nicht wieder in das Haus seines Vaters zurückkehren. Und Jonatan und David schlossen einen Bund, weil er ihn lieb hatte wie seine eigene Seele. Und Jonatan zog das Oberkleid aus, das er anhatte, und gab es David, und seinen Waffenrock und sogar sein Schwert, seinen Bogen und seinen Gürtel. (1. Samuel 18,1-4)

Jonatan war als erstgeborener Sohn von König Saul auch Thronfolger. Er hätte David leicht hassen können, da dieser beim Volk so beliebt war. Aber er hatte kein Verlangen danach, König zu werden. Als Saul versuchte, David zu töten, um seinen Thron zu behalten, setzte Jonatan sein Leben aufs Spiel, um David zu retten. Diese Liebe änderte sich bis zu seinem Tode nicht. Als Jonatan im Kampf bei Gilboa starb, trauerte David, fastete und betete bis zum Abend.

Mir ist weh um dich, mein Bruder Jonatan! Über alles lieb warst du mir. Wunderbar war mir deine Liebe, mehr als Frauenliebe. (2. Samuel 1,26)

Nachdem David König geworden war, ließ er Mefi-Boschet, den einzigen Sohn Jonatans, suchen und gab ihm alles wieder, was Saul gehört hatte. Er kümmerte sich um ihn, als wäre er sein eigener Sohn und ließ ihn im Palast wohnen (2. Samuel 9). Geistliche Liebe bedeutet, einen anderen Menschen mit unveränderlichem Herzen zu lieben - sein ganzes Leben lang, selbst, wenn man daraus keinen Nutzen hat oder wenn es einem selbst Schaden zufügt. Wenn man nur nett ist, um im Gegenzug etwas zu bekommen, ist das keine wahre Liebe. Geistliche Liebe bedeutet, sich selbst zu opfern und anderen immer wieder bedingungslos etwas zu geben - aus reinen Motiven.

Die beständige Liebe Gottes und des Herrn uns gegenüber

Die meisten Menschen erleben irgendwann wegen der fleischlichen Liebe in ihrem Leben echten Herzschmerz. Wenn wir diesen Schmerz fühlen und einsam sind, weil solche Liebe sich leicht ändert, gibt es jemanden, der uns tröstet und unser Freund sein will: Der Herr! Er wurde verachtet und von den Menschen verlassen, obwohl Er unschuldig war (Jesaja 53,3). Er weiß also sehr gut, wie es um unser Herz steht. Er ließ die Herrlichkeit des Himmels hinter sich und kam auf die Erde herab, um Leid wegzunehmen. Auf diese Weise wurde Er ein echter Tröster und Freund für uns. Er schenkte uns wahre Liebe, als Er am Kreuz starb.

Bevor ich gläubig wurde, litt ich an vielen Krankheiten und erduldete die Schmerzen und Einsamkeit, die mit Armut einhergehen. Nachdem ich sieben Jahre lang gelitten hatte, blieben mir nur noch mein kranker Leib, ständig steigende Schulden, die Verachtung anderer Menschen, Einsamkeit und Verzweiflung. Alle, denen ich vertraut und die ich geliebt hatte, verließen mich. Doch jemand kam zu mir, als ich mich im Universum verloren fühlte. Es war Gott. Als Er mir beggnete, wurde ich sofort von allen meinen Krankheiten geheilt und empfing das Leben neu.

Die Liebe, die Gott mir gab, war ein Geschenk. Ich habe Ihn nicht zuerst geliebt. Er kam als erster zu mir und streckte mir beide Hände entgegen. Als ich anfing, in der Bibel zu lesen, konnte ich hören, wie Gott mir sagte, dass Er mich liebt.

Vergisst etwa eine Frau ihren Säugling, dass sie sich nicht erbarmt über den Sohn ihres Leibes? Sollten selbst diese vergessen, ich werde dich niemals vergessen. Siehe, in meine beiden Handflächen habe ich dich eingezeichnet. Deine Mauern sind beständig vor mir. (Jesaja 49,15-16)

Hierin ist die Liebe Gottes zu uns offenbart worden, dass Gott seinen eingeborenen Sohn in die Welt gesandt hat, damit wir durch ihn leben möchten. Hierin ist die Liebe: Nicht dass wir Gott geliebt haben, sondern dass er uns geliebt und seinen Sohn gesandt hat als eine Sühnung für unsere Sünden. (1. Johannes 4,9-10)

Gott hatte mich nicht verlassen, als ich mit meinen Leiden zu kämpfen hatte und nachdem mich alle anderen Menschen verlassen hatten. Als ich Seine Liebe spürte, liefen mir die Tränen nur so herunter. Ich konnte fühlen, dass Gottes Liebe echt war, nachdem ich so viel gelitten hatte. Jetzt bin ich Pastor, ein Diener Gottes, um die Herzen vieler Menschen zu trösten und mich bei Gott für die mir erwiesene Gnade dankbar zu erweisen.

Gott selbst ist Liebe. Er sandte Seinen eingeborenen Sohn

Jesus auf die Erde, um uns Sünder zu erretten. Er wartet darauf, dass wir in Sein Königreich der Himmel kommen, wo Er viele schöne und kostbare Dinge für uns vorbereitet hat. Wir können die sanfte, überfließende Liebe Gottes spüren, wenn wir unsere Herzen auch nur ein winziges Stück öffnen.

Denn sein unsichtbares Wesen, sowohl seine ewige Kraft als auch seine Göttlichkeit, wird seit Erschaffung der Welt in dem Gemachten wahrgenommen und geschaut, damit sie ohne Entschuldigung seien. (Römer 1,20)

Denke einmal an die Schönheit in der Natur. Der blaue Himmel, das klare Wasser im Meer und all die Bäume und Pflanzen hat Gott für uns gemacht, damit wir hier auf der Erde Hoffnung auf das Königreich der Himmel schöpfen können, bis wir selbst dorthin kommen.

Von den Wellen, die an den Strand rollen, über die Sterne, die funkeln, als würden sie tanzen, hin zu riesigen donnernden Wasserfällen oder der sanften Brise, die uns erfrischt - in all dem können wir den Odem Gottes wahrnehmen, der uns damit sagt, dass Er uns liebt. Da wir von diesem liebenden Gott als Kinder auserwählt worden sind, welche Art von Liebe sollten wir haben? Wir brauchen ewige, wahre Liebe, keine bedeutungslose Liebe, die sich ändert, wenn uns die Situation nichts mehr nützt.

Fleischliche Liebe

„Und wenn ihr liebt, die euch lieben, was für einen Dank habt ihr? Denn auch die Sünder lieben, die sie lieben."
Lukas 6,32

Ein Mann steht vor einer großen Menschenmenge, die auf den See Genezareth schaut. Sanfte blaue Wellen auf dem See hinter Ihm tanzen scheinbar in der sanften Brise. Die Menge ist still geworden, um Ihm zuzuhören. Den Menschen, die hier und da auf dem kleinen Hügel sitzen, sagt Er mit sanfter Entschlossenheit, sie sollten Licht und Salz für die Erde sein und ihre Feinde lieben.

Denn wenn ihr liebt, die euch lieben, welchen Lohn habt ihr? Tun nicht auch die Zöllner dasselbe? Und wenn ihr allein eure Brüder grüßt, was tut ihr Besonderes? Tun nicht auch die von den Nationen dasselbe? (Matthäus 5,46-47)

Jesus brachte damit zum Ausdruck, dass Ungläubige und selbst böse Menschen denen, die nett zu ihnen sind und von denen sie Nutzen haben können, Liebe zeigen. Es gibt auch falsche Liebe, die von außen gut ausschaut, aber innen drin nicht echt ist. Das ist fleischliche Liebe, die sich oft im Laufe der Zeit ändert und an Kleinigkeiten zerbricht.

Fleischliche Liebe ändert sich im Laufe der Zeit möglicherweise plötzlich. Wenn sich die Situation oder die Umstände ändern, kann sich die Liebe ändern. Menschen ändern ihre Einstellung ständig, je nachdem welche Vorteile und welcher Nutzen ihnen daraus entstehen. Sie geben nur, wenn sie zuvor etwas empfangen haben oder nur, wenn es ihnen persönlich etwas nützt. Wenn wir geben, aber genauso viel wieder zurückhaben wollen, oder wenn wir enttäuscht sind, wenn andere Leute uns im Gegenzug nichts geben, liegt das daran, dass unsere Liebe fleischlich ist.

Liebe zwischen Eltern und Kindern

Die Liebe von Eltern, die ihren Kindern immer wieder etwas geben, bewegt die Herzen vieler Menschen. Eltern sagen nicht, es sei schwer, sich von ganzem Herzen um ihre Kinder zu kümmern, weil sie ihre Kinder lieben. Normalerweise wünschen sich Eltern, dass sie ihren Kindern gute Dinge geben können, selbst wenn sie dadurch nicht mehr genug haben, um selbst gut zu essen oder sich selbst gut zu kleiden. Aber dennoch gibt es im Herzen von Eltern, die ihre Kinder lieben, einen Ort, wo sie nach dem trachten, was ihnen selbst etwas bringt.

Wenn sie ihre Kinder wirklich lieben, sollten sie sogar bereit sein, ihr Leben zu geben, ohne etwas dafür zu bekommen. Doch es gibt Eltern, die ihre Kinder nur großziehen, um selbst Nutzen davon zu haben und dafür Ehre zu bekommen. Sie behaupten zwar: „Ich sage dir, das ist zu deinem Besten", aber in Wahrheit wollen sie ihre Kinder kontrollieren, um ihren Wunsch nach Ruhm zu erfüllen oder finanziellen Nutzen daraus zu ziehen. Wenn die Kinder einen Beruf oder Ehepartner auswählen, der den Eltern nicht passt, stellen sie sich quer oder sind enttäuscht. Das allein beweist, dass ihre Hingabe und ihre Opfer für ihre Kinder eben nicht bedingungslos waren. Sie versuchen das zu bekommen, was sie wollen - durch ihre Kinder - als Lohn oder im Gegenzug für die Liebe, die sie ihnen erwiesen hatten.

Die Liebe von Kindern ist gewöhnlich nicht so stark wie die von Eltern. In Korea sagt man: „Wenn die Eltern lange an einer Krankheit leiden, verlassen alle Kinder ihre Eltern." Wenn die Eltern alt und krank sind, wenn es keine Hoffnung auf Genesung gibt und die Kinder sich um sie kümmern sollen, fällt es ihnen immer schwerer, mit der Situation umzugehen. Im Kindesalter sagen sie vielleicht: „Ich werde nicht heiraten und bleibe einfach bei euch wohnen, Mama und Papa." Sie denken vielleicht sogar, sie wollen für den Rest des Lebens bei den Eltern leben. Doch wenn sie älter werden, interessieren sie sich immer weniger für die Eltern, weil sie damit beschäftigt sind, ihr eigenes Leben zu bestreiten. Und heute sind die Herzen der Menschen durch die Sünde derart abgestumpft und es gibt so viel Böses, dass manche Eltern ihre Kinder töten oder umgekehrt.

Die Liebe zwischen Ehemann und Ehefrau

Wie steht es mit der Liebe zwischen Ehepartnern? Wenn sie sich kennen lernen, sagen sie Dinge wie: „Ich kann nicht ohne dich leben. Ich werde dich für immer lieben." Aber was passiert, wenn sie verheiratet sind? Sie ärgern sich über ihren Ehepartner und sagen: „Wegen dir kann ich mein Leben nicht so führen, wie ich will. Du hast mich getäuscht."

Am Anfang haben sie sich Liebeserklärungen gemacht, aber nach der Hochzeit erwähnen sie oft Trennung oder Scheidung, nur weil sie meinen, ihr familiärer Hintergrund, ihre Bildung oder Persönlichkeit passen nicht zueinander. Wenn das Essen nicht so gut schmeckt, wie der Ehemann es wollte, beschwert er sich bei seiner Ehefrau: „Was ist das denn? Hier gibt's nicht Gescheites zu essen!" Oder wenn der Ehemann nicht genug verdient, nörgelt die Ehefrau und sagt vielleicht: „Der Mann von meiner Freundin ist bereits zum Direktor befördert worden oder hat eine andere leitende Funktion... Wann bekommst du deine Beförderung? Eine andere Freundin hat ein größeres Haus und ein neues Auto gekauft. Was ist mit uns? Wenn können wir uns etwas Besseres leisten?"

Laut den Statistiken über häusliche Gewalt, vergreift sich in Korea fast in jeder zweiten Ehe einer der Ehepartner an dem anderen. So viele Ehepaare verlieren die Liebe, die sie anfangs füreinander empfanden. Stattdessen fangen sie an, sich zu hassen und miteinander zu streiten. Heute trennen sich Frischvermählte sogar auf der Hochzeitsreise! Die Zeit, die Paare im Durchschnitt miteinander verheiratet sind, bis sie sich scheiden lassen, wird auch immer kürzer. Da sie anders denken oder einen anderen Geschmack haben, sind sie ständig auf Kollisionskurs, von einer Sache zur nächsten. Dabei kühlen sich die Gefühle, die sie mit Liebe verwechselt hatten, ab.

Selbst wenn sie keine Probleme nennen können, die sie miteinander haben, gewöhnen sie sich aneinander und ihr Verliebtsein kühlt sich im Laufe der Zeit ab. Dann schaut der Mann anderen Frauen nach und umgekehrt. Der Ehemann ist enttäuscht, wenn seine Frau morgens zerzaust aussieht; wenn sie älter wird und zunimmt, meint er, sie sei nicht mehr charmant. Die Liebe sollte im Laufe der Zeit stärker werden, doch in den meisten Fällen ist das nicht so. Dass sich die Liebe ändert, untermauert die Tatsache, dass es fleischliche Liebe war, die nur auf ihren eigenen Vorteil bedacht war.

Liebe zwischen Brüdern

Geschwister, die die gleichen Eltern haben, sollten sich näher stehen als andere Menschen. Sie mögen sich in vielen Belangen aufeinander verlassen, weil ihnen viele Dinge gemein sind und weil sie seit langem eine Zuneigung zueinander entwickelt haben.

Doch es gibt Geschwister, die im Wettbewerb miteinander stehen und auf ihre Schwestern oder Brüder eifersüchtig sind. Der Erstgeborene mag den Eindruck haben, dass ihm seine Eltern etwas von der Liebe, die eigentlich ihm vorbehalten sein sollte, jetzt weggenommen und an seine jüngeren Geschwister weitergegeben haben. Das zweite Kind fühlt sich möglicherweise unsicher und minderwertig gegenüber seiner großen Schwester oder seinem großen Bruder. Kinder, die sowohl ältere als auch jünger Geschwister haben, fühlen sich eventuell minderwertig gegenüber ihren älteren Geschwistern oder sie empfinden es als eine Last, dass sie ihren jüngeren Geschwistern Vorrang gewähren sollen. Vielleicht meinen sie, sie seien ein Opfer, weil ihnen ihre Eltern keine Aufmerksamkeit schenken. Wenn Geschwister sich nicht richtig mit solchen Gefühlen auseinandersetzen, ist es wahrscheinlich, dass sie ungute Beziehungen zu ihren Brüdern und Schwestern entwickeln.

Den ersten Mord in der Geschichte der Menschheit beging ein Mann an seinem Bruder. Der Grund war Kains Eifersucht auf seinen jüngeren Bruder Abel in Bezug auf den Segen Gottes. Seit damals ist die Geschichte der Menschheit fortwährend von Kämpfen und Auseinandersetzungen zwischen Brüdern und Schwestern gekennzeichnet. Josef war bei seinen Brüdern verhasst und sie verkauften ihn als Sklaven nach Ägypten. Davids Sohn Absalom beauftragte einen seiner Männer, seinen Bruder Amnon zu töten. Auch heute kämpfen viele Brüder und Schwestern untereinander um das Geld, dass ihnen ihre Eltern hinterlassen haben. Dabei werden sie praktisch zu Feinden.

Es mag nicht so schlimm sein wie in den oben genannten Beispielen, aber wenn Leute heiraten und eine eigene Familie gründen, haben sie nicht mehr so viel Zeit für ihre Geschwister wie vorher. Ich war der letzte von sechs Brüdern und Schwestern. Meine älteren Brüder und Schwestern liebten mich sehr, aber als ich wegen verschiedener Krankheiten sieben Jahre lang bettlägerig war, änderte sich das. Ich fiel ihnen immer mehr zur Last. Sie versuchten, mir in gewissem Maße zu helfen, wieder gesund zu werden, aber als es scheinbar keine Hoffnung mehr gab, kehrten sie mir den Rücken.

Liebe unter Nachbarn

In Korea gibt es den Ausdruck „Nachbar-Cousins". Er bedeutet, dass uns unsere Nachbarn so nahe stehen wie die eigene Familie. Früher, als die meisten Menschen Landwirtschaft betrieben, waren Nachbarn so kostbar, weil sie einander helfen konnten. Doch dieser Ausdruck trifft immer weniger zu. Heutzutage machen die Leute ihre Türen zu und sperren sie ab, selbst vor dem Nachbarn. Wir lassen sogar hochmoderne Alarmanlagen einbauen und die Menschen wissen nicht einmal mehr, wer überhaupt neben ihnen wohnt.

Ihnen sind andere Menschen egal und sie haben auch nicht vor, herauszufinden, wer ihre Nachbarn sind. Sie denken nur an sich; nur ihre nahen Angehörigen sind ihnen wichtig. Sie vertrauen einander nicht. Und wenn sie denken, dass ihre Nachbarn ihnen irgendwie Unannehmlichkeiten machen oder Schaden zufügen, zögern sie nicht, sie zu meiden oder gegen sie zu kämpfen. Heute gibt es so viele Menschen, die ihre Nachbarn wegen Belanglosigkeiten gerichtlich belangen wollen. Ein Mann stach auf den Nachbarn, der über ihm wohnte, mit dem Messer ein, weil er Lärm gemacht hatte.

Liebe unter Freunden

Wie steht es mit der Liebe zwischen Freunden? Du meinst vielleicht, ein bestimmter Freund würde dir immer zur Seite stehen. Doch selbst jemand, den du als Freund betrachtest, kann dich betrügen und dich mit einem gebrochenen Herzen zurücklassen.

In manchen Fällen bittet ein Freund den anderen möglicherweise um einen größeren Geldbetrag oder für ihn als Bürge einzustehen, weil er kurz vor der Pleite steht. Wenn der Freund sich weigert, fühlt der andere sich betrogen und verraten und will seinen Freund nie mehr wiedersehen. Aber wer ist hier derjenige, der falsch handelt?

Wenn du deinen Freund wirklich liebst, willst du ihn nicht verletzen. Wenn du kurz vor der Pleite stehst und dein Freund für dich bürgt, dann besteht die reale Möglichkeit, dass dein Freund und seine Angehörigen mit dir leiden werden. Ist es wirklich Liebe, deinen Freund einem solchen Risiko auszusetzen? Nein, das ist keine Liebe. Doch heutzutage passiert das sogar ziemlich häufig. Dabei verbietet es Gottes Wort, Geld zu borgen oder zu verleihen, etwas zu verpfänden oder Bürge für irgendjemanden zu werden. Wenn wir solchen Anweisungen Gottes nicht Folge leisten, mischt sich in den meisten Fällen der Satan ein und alle Beteiligten leiden Schaden.

Mein Sohn, hast du gebürgt für deinen Nächsten, für einen Fremden deinen Handschlag gegeben, bist du verstrickt durch deines Mundes Worte, gefangen durch die Worte deines Mundes? (Sprüche 6,1-2)

Sei nicht unter denen, die Handschlag geben, unter denen, die für ein Darlehen bürgen. (Sprüche 22,26)

Manche meinen, es sei klug, Freundschaften zu schließen, wenn ihnen daraus ein Nutzen entsteht. Fakt ist, dass es inzwischen schwierig ist, jemanden zu finden, der bereit ist, die Zeit, Mühe und das Geld zu investieren, die für echte Liebe für den Nächsten oder Freunde nötig ist.

Ich habe, seit ich Kind war, viele Freunde gehabt. Bevor ich gläubig wurde, war mir die Treue unter Freunden so wichtig wie das Leben selbst. Ich dachte, meine Freundschaften würden ein Leben lang halten. Doch als ich lange krank war, wurde mir deutlich vor Augen geführt, dass sich die Liebe zwischen Freunden ändert - je nachdem wie viel Nutzen den Beteiligten daraus entsteht.

Am Anfang machten sich meine Freunde schlau, um die besten Ärzte oder traditionelle Heilmittel zu finden; sie brachten mich sogar zum Arzt. Aber als sich keinerlei Besserung einstellte, verließen sie mich einer nach dem anderen. Später standen mir nur noch meine Freunde bei, mit denen ich trank und spielte. Doch selbst sie kamen nicht, weil sie mich liebten, sondern nur, weil sie einen Ort brauchten, wo sie sich eine Weile aufhalten konnten. Auch im Fall von fleischlicher Liebe sagen sie, dass sie einen lieben, doch das ändert sich bald.

Wie schön wäre es doch, wenn Eltern und Kinder, Brüder und Schwestern, Freunde und Nachbarn nicht nach dem trachteten, was ihnen nützt, und ihre Einstellung nie ändern würden? Wäre das der Fall, dann könnte man von geistlicher Liebe reden. Doch in den meisten Fällen herrscht keine geistliche Liebe zwischen ihnen und sie finden keine Erfüllung. Sie sehnen sich zwar nach Liebe von ihren Angehörigen und Mitmenschen, aber wenn sie danach trachten, dürsten sie nur noch mehr nach der Liebe. Es ist fast so, als würden sie Meerwasser trinken, um ihren Durst zu löschen.

Blaise Pascal sprach von einem Vakuum im Herzen eines jeden Menschen, in das nur Gott passt und sonst kein anderes Geschöpf. Allein Gott der Schöpfer, der sich uns durch Jesus vorgestellt hat, kann das tun. Solange wir Gott diesen leeren Raum nicht mit Seiner Liebe füllen lassen, können wir nicht wirklich zufrieden sein und leiden überdies unter Bedeutungs- oder Sinnlosigkeit. Heißt das, dass es auf der Welt keine unveränderliche geistliche Liebe gibt? Nein. Sie ist nicht weit verbreitet, aber geistliche Liebe gibt es definitiv. In 1. Korinther 13 finden wir die genaue Definition wahrer Liebe.

Die Liebe ist langmütig, die Liebe ist gütig, sie neidet nicht, die Liebe tut nicht groß, sie bläht sich nicht auf, sie benimmt sich nicht unanständig, sie sucht nicht das Ihre, sie lässt sich nicht erbittern, sie rechnet Böses nicht zu, sie freut sich nicht über die Ungerechtigkeit; sondern sie freut sich mit der Wahrheit, sie erträgt alles, sie glaubt alles, sie hofft alles, sie erduldet alles. (1. Korinther 13,4-7)

Gott nennt diese Art der Liebe „geistlich" und „wahrhaftig". Wenn wir die Liebe Gottes kennen und uns von der Wahrheit verändern lassen, können auch wir geistliche Liebe haben. Also lasst uns geistliche Liebe haben, mit der wir einander von ganzem

Wie man geistliche Liebe prüft

Viele Leute glauben fälschlicherweise, dass sie Gott lieben. Um zu prüfen, inwieweit wir wahrhaft geistliche Liebe und die Liebe Gottes kultiviert haben, können wir unsere Gefühle und Handlungen betrachten, während wir Prüfungen, Bedrängnisse oder Schwierigkeiten erleben. Wir sehen, in welchem Maße wir wahre Liebe praktizieren, wenn wir prüfen, ob wir uns wirklich freuen, von ganzem Herzen dankbar sind und dem Willen Gottes konsequent tun.

Wenn wir uns beschweren, uns über eine Situation ärgern, nach weltlichen Methoden trachten und uns auf Menschen verlassen, bedeutet das, dass wir keine geistliche Liebe haben. Es beweist, dass wir Gott nur verstandesmäßig kennen, anstatt das Wissen über Ihn tief in unser Herz hineinfallen zu lassen. So wie Falschgeld, das wie echtes aussieht, obwohl es nur ein Stück Papier ist, ist Liebe, die nur auf Wissen basiert, keine echte Liebe. Sie hat gar keinen Wert. Wenn unsere Liebe für den Herrn sich nicht ändert und wir uns in allen Situationen und bei kleinen und großen Schwierigkeiten ganz auf Gott verlassen, dann können wir gerne behaupten, echte Liebe - das heißt geistliche Liebe - praktiziert zu haben.

Herzen und ohne unsere Einstellung zu ändern, lieben können, selbst wenn uns daraus kein Nutzen erwächst oder uns sogar ein Schaden entsteht.

Liebe, wie im Kapitel der Liebe

„*Nun aber bleibt Glaube, Hoffnung, Liebe, diese drei; die Größte aber von diesen ist die Liebe.*"

1. Korinther 13,13

Teil 2

Liebe, wie im Kapitel der Liebe

Kapitel 1 : Die Art von Liebe, die Gott sich wünscht

Kapitel 2 : Die Eigenschaften der Liebe

Kapitel 3 : Die vollkommene Liebe

Die Art der Liebe, die Gott sich wünscht

„Wenn ich in den Sprachen der Menschen und der Engel rede, aber keine Liebe habe, so bin ich ein tönendes Erz geworden oder eine schallende Zimbel. Und wenn ich Weissagung habe und alle Geheimnisse und alle Erkenntnis weiß, und wenn ich allen Glauben habe, so dass ich Berge versetze, aber keine Liebe habe, so bin ich nichts. Und wenn ich alle meine Habe zur Speisung der Armen austeile und wenn ich meinen Leib hingebe, damit ich Ruhm gewinne, aber keine Liebe habe, so nützt es mir nichts."

1. Korinther 13,1-3

Es folgt die Beschreibung eines Vorfalls, der sich in einem Waisenhaus in Südafrika ereignete. Dort wurde ein Kind nach dem anderen krank und es wurden immer mehr. Jedoch konnte man keinen Grund dafür feststellen. Das Waisenhaus bat berühmte Ärzte, die Kinder zu untersuchen. Nachdem sie gründlich nachgeforscht hatten, erklärten die Ärzte: „Während die Kinder wach sind, nehmt euch zehn Minuten, um sie zu umarmen und ihnen zu sagen, dass ihr sie lieb habt."

Die Mitarbeiter vom Waisenhaus waren überrascht, als die Krankheit einfach wieder wegging. Der Grund war, dass diese Kinder herzliche Liebe brauchten - mehr als alles andere. Aber auch wir, die wir uns um unseren Unterhalt keine Gedanken machen brauchen und im Überfluss leben, haben ohne Liebe weder Hoffnung und Lebensmut. Man könnte sagen, dass Liebe der wichtigste Faktor in unserem Leben ist.

Die Bedeutung der geistlichen Liebe

Im 13. Kapitel vom 1. Korintherbrief, dem sogenannten Hohelied der Liebe, wird zunächst betont, wie wichtig Liebe ist. Erst danach wird die geistliche Liebe im Detail beschrieben. Der Grund ist, dass selbst wenn ich in den Sprachen der Menschen und der Engel reden würde, aber keine Liebe hätte, ich ein tönendes Erz oder eine schallende Zimbel wäre.

Mit den „Sprachen der Menschen" ist hier nicht das Sprachengebet, eine der Gaben des Heiligen Geistes gemeint, sondern es bezieht sich auf die Sprachen der Menschen, die auf der Erde leben, also zum Beispiel Englisch, Japanisch, Französisch, Russisch und so weiter. Zivilisationen und Wissen sind systematisiert und werden durch Sprache weitergereicht, so dass wir sagen können, dass Sprache wirklich viel Macht hat. Mithilfe von Sprache können wir Gefühle und Gedanken ausdrücken, um damit viele andere Menschen zu überzeugen oder ihre Herzen zu berühren. Die Sprachen der Menschen haben die Macht, Menschen zu bewegen und viele Dinge zu erreichen.

Mit den „Sprachen der Engel" sind hier wunderschöne Worte gemeint. Engel sind geistliche Wesen und stehen für „Schönheit". Wenn Menschen schöne Worte mit einer schönen Stimme aussprechen, beschreiben andere Menschen sie als engelhaft. Doch Gott sagt, selbst redegewandte Menschen oder wunderschöne Worte wie die von Engeln sind ohne Liebe wie tönendes Erz oder schallende Zimbeln (1. Korinther 13,1).

Tatsache ist, dass ein schweres festes Stück Stahl oder Kupfer gar keinen Ton abgibt, wenn man draufhaut. Wenn ein Stück Kupfer einen lauten Ton abgibt, dann ist es innen hohl oder aber dünn und leicht. Zimbeln machen Lärm, weil sie aus einem dünnen Stück Messing bestehen. Das gilt auch für Menschen. Wir haben erst einen Wert wie Weizen, dessen Ähren voll sind, wenn wir echte Söhne und Töchter Gottes werden, indem wir unsere Herzen mit Liebe füllen. Dagegen sind Menschen, die keine Liebe haben, wie leere Spreu. Warum ist das so?

In 1. Johannes 4,7-8 heißt es: „Geliebte, lasst uns einander lieben! Denn die Liebe ist aus Gott; und jeder, der liebt, ist aus Gott geboren und erkennt Gott. Wer nicht liebt, hat Gott nicht erkannt, denn Gott ist Liebe." Das heißt, dass diejenigen, die andere nicht lieben, nichts mit Gott verbindet und sie nichts mit

Ihm gemein haben. Sie sind praktisch wie Spreu, die keine Ähren hat.

Die Worte von solchen Menschen haben keinen Wert, selbst wenn sie redegewandt und schön klingen, denn sie können anderen Menschen nicht wirklich lieben. Stattdessen verursachen sie Unbehagen wie tönendes Erz, denn sie sind innerlich hohl und leer. Im Gegensatz dazu haben Worte, die voller Liebe ausgesprochen werden, die erstaunliche Kraft, Menschen zu beleben. Dafür finden wir im Leben Jesu Beispiele.

Liebe mit Substanz spendet Leben

Eines Tages lehrte Jesus im Tempel. Da brachen die Schriftgelehrten und Pharisäer eine Frau zu Ihm. Sie war beim Ehebruch ertappt worden. Nicht den kleinsten Deut an Mitleid brachten die Schriftgelehrten und Pharisäer auf, die sie dahin gezerrt hatten.

Da sagten sie zu Jesus: „Lehrer, diese Frau ist auf frischer Tat beim Ehebruch ergriffen worden. In dem Gesetz aber hat uns Mose geboten, solche zu steinigen. Du nun, was sagst du?" (Johannes 8,4-5)

In Israel ist das Wort Gottes Gesetz. Darin gibt es eine Klausel, wonach Ehebrecher gesteinigt werden müssen. Wenn Jesus gesagt hätte, sie sollten sie gemäß dem Gesetz steinigen, hätte Er sich selbst widersprochen, denn Er hatte den Leuten beigebracht, sie sollen ihre Feinde lieben. Wenn Er gesagt hätte, sie sollten ihr vergeben, wäre das eindeutig ein Verstoß gegen das Gesetz gewesen. Er hätte sich damit gegen das Wort Gottes gestellt.

Die Schriftgelehrten und Pharisäer waren stolz auf sich und

dachten, jetzt hätten sie die Chance, Jesus niederzumachen. Doch Er kannte ihre Herzen genau und beugte sich deshalb nach unten, um mit Seinem Finger etwas auf den Boden zu schreiben. Dann richtete Er sich wieder auf und sagte: „Wer von euch ohne Sünde ist, werfe als Erster einen Stein auf sie." (Johannes 8,7)

Als Jesus sich erneut nach unten beugte und mit Seinem Finger auf den Boden schrieb, ging einer nach dem anderen weg - und am Ende waren nur noch die Frau und Jesus selbst da. Jesus rettete das Leben dieser Frau, ohne gegen das Gesetz zu verstoßen.

Oberflächlich betrachtet war das, was die Schriftgelehrten und Pharisäer sagten, nicht falsch. Sie gaben einfach nur das weiter, was im Gesetz Gottes stand. Doch die Beweggründe dafür unterschieden sich stark von Jesu Motiv. Sie versuchten, anderen Schaden zuzufügen; dagegen wollte Jesus Seelen retten.

Wenn wir ein Herz wie das von Jesus haben, werden wir beten und uns überlegen, welche Worte andere Leute stärken und sie zur Wahrheit führen werden. Wir sind bemüht, mit jedem Wort, das wir sprechen, Leben zu geben. Manche Menschen versuchen, andere mit dem Wort Gottes zu überzeugen oder ihr Verhalten zu korrigieren, indem sie auf Mängel und Fehler hinweisen, die ihrer Meinung nach nicht gut sind. Aber selbst wenn ihre Worte korrekt sind, ändern sie damit die anderen Menschen nicht und geben ihnen auch kein Leben, solange diese Korrekturen nicht in Liebe ausgesprochen werden.

Darum sollten wir prüfen, ob wir aus Selbstgerechtigkeit oder mit einer vorgefertigten Meinung reden oder ob unsere Worte in Liebe ausgesprochen werden, um anderen Menschen Leben zu schenken. Im Gegensatz zu lediglich schön formulierten Worten ist ein Wort, das mit geistlicher Liebe erfüllt ist, wie Lebenswasser, das den Durst von Menschen stillt. Es ist wie ein kostbarer Juwel, der Freude bringt und Leuten, die Leid haben, Trost spendet.

Liebe und persönliche Aufopferung

Im Allgemeinen bezieht sich „Weissagung" auf ein Reden über künftige Ereignisse. Biblisch gesprochen geht es darum, das zu empfangen, was auf dem Herzen Gottes ist - und zwar durch die Inspiration des Heiligen Geistes - für einen bestimmten Zweck und für künftige Geschehnisse. Prophetien sind nicht etwas, was auf dem Willen von Menschen basiert. In 2. Petrus 1,21 steht geschrieben: „Denn niemals wurde eine Weissagung durch den Willen eines Menschen hervorgebracht, sondern von Gott her redeten Menschen, getrieben von Heiligem Geist." Diese Gabe der Weissagung wird nicht einfach willkürlich an jeden vergeben. Gott gibt diese Gabe keinem, der sich nicht geheiligt hat, weil er sonst arrogant werden könnte.

Die „Gabe der Weissagung", wie im Kapitel über geistliche Liebe, ist keine Gabe, die ein paar besonderen Leuten zuteilwird. Das bedeutet, dass jeder, der an Jesus Christus glaubt und in der Wahrheit wandelt, Künftiges vorhersehen und darüber reden kann. Zum Beispiel werden die Erretteten, wenn der Herr Jesus in der Luft zurückkommt, mit Ihm entrückt und an dem sieben Jahre langen Hochzeitsfest teilnehmen. Dagegen werden diejenigen, die zu dem Zeitpunkt nicht errettet waren, sieben Jahre lang unter der großen Bedrängnis auf der Erde leben und nach dem Gericht am großen weißen Thron in die Hölle kommen. Doch obwohl alle Kinder Gottes die Gabe der

Weissagung haben, wenn man damit das „Reden über Künftiges" meint, haben nicht alle von ihnen geistliche Liebe. Denn wenn sie keine geistliche Liebe haben, ändern sie ihre Einstellung, je nachdem, ob es ihnen etwas nützt; deshalb bringt ihnen die Gabe der Weissagung nichts. Die Gabe an sich kann der Liebe nicht vorausgehen, noch kann sie sie übersteigen.

Mit dem „Mysterium" ist das Geheimnis gemeint, dass von alters her verborgen war, nämlich das Wort vom Kreuz (1. Korinther 1,18). Das Wort vom Kreuz beschreibt, was für die Errettung der Menschheit geplant war, etwas, das Gott vor Beginn der Zeit bereits in Seiner Souveränität plante. Er wusste, dass die Menschen sündigen und sich damit auf den Weg des Todes begeben würden. Darum bereitete Er Jesus Christus schon damals als unseren Erretter vor. Bis die Vorsehung erfüllt wurde, hielt Gott sie geheim. Warum tat Er dies? Wäre der Weg zur Errettung bekannt gewesen, wäre die Vorsehung nicht in Erfüllung gegangen, weil sich der Feind, Satan, eingemischt hätte (1. Korinther 2,6-8). Der Teufel dachte, wenn er Jesus tötet, würde er könne alle Macht, die er von Adam bekommen hatte, für immer behalten können. Da er böse Menschen aufhetzte und Jesus umbringen ließ, konnte der Weg zur Errettung, gebahnt werden. Doch selbst wenn wir dieses große Geheimnis kennen, bringt uns dieses Wissen nichts, wenn wir keine geistliche Liebe haben.

Das Gleiche gilt für „Erkenntnis". Mit „alle Erkenntnis" ist hier nicht das gemeint, was man an einer Schule lernen kann. Es bezieht sich vielmehr darauf, dass man Gott und die Wahrheit in den 66 Büchern der Bibel kennen lernt. Wenn wir Gott durch die Bibel kennen lernen, sollten wir Ihm auch begegnen, Ihn persönlich erleben und Ihm von ganzem Herzen glauben. Sonst bleibt das Wissen um das Wort Gottes nur Kopfwissen. Dieses Wissen könnten wir sogar falsch nutzen, zum Beispiel, um andere zu richten und zu verdammen. Das heißt, Erkenntnis ist ohne geistliche Liebe nichts wert.

Was ist, wenn wir Glauben haben, der groß genug ist, um Berge zu versetzen? Großen Glauben zu haben, heißt nicht unbedingt, dass man auch viele Liebe hat. Warum müssen die Größe des Glaubens und der Liebe genau aufeinander abgestimmt sein? Der Glaube kann wachsen, wenn er Zeichen und Wunder sieht, die Gott bewirkt. Petrus sah viele Zeichen und Wunder, die Jesus wirkte und darum konnte er, wenn auch nur für einen Augenblick, auf dem Wasser gehen, als Jesus auf dem Wasser wandelte. Doch damals hatte Petrus keine geistliche Liebe, da er den Heiligen Geist noch nicht empfangen hatte. Er hatte weder sein Herz beschnitten noch seine Sünden abgelegt. Darum verriet er Jesus später auch dreimal, als sein Leben bedroht war.

Uns ist klar, warum unser Glauben durch Erlebnisse wachsen kann, aber geistliche Liebe kommt nur in unser Herz, wenn wir uns darum bemühen, unsere Sünden abzulegen, uns ganz Gott zu weihen und Opfer zu bringen. Dies heißt nicht, dass es keinen direkten Zusammenhang zwischen geistlichem Glauben und geistlicher Liebe gibt. Doch ohne Handeln, das dem des Herrn ähnelt, und ohne dass wir wahre Liebe kultivieren, hat unser Dienst im Königreich Gottes nichts mit Gott zu tun, egal wie treu wir sein mögen. Es wird so sein, wie Jesus sagte: „Und dann werde ich ihnen bekennen: Ich habe euch niemals gekannt. Weicht von mir, ihr Übeltäter!" (Matthäus 7,23)

Die Liebe, die himmlische Belohnungen bringt

Gegen Ende des Jahres spenden viele Organisationen und Einzelpersonen Geld an Rundfunkanstalten oder Zeitungen, die damit Bedürftigen zu helfen. Aber was wäre, wenn ihre Namen nicht in der Zeitung oder beim Sender genannt würden? Wahrscheinlich gäbe es dann nicht mehr viele Leute oder Firmen, die dennoch spenden würden.

Jesus sagte in Matthäus 6,1-2: „Habt acht auf eure Gerechtigkeit, dass ihr sie nicht vor den Menschen übt, um von ihnen gesehen zu werden! Sonst habt ihr keinen Lohn bei eurem Vater, der in den Himmeln ist. Wenn du nun Almosen gibst, sollst du nicht vor dir her posaunen lassen, wie die Heuchler tun in den Synagogen und auf den Gassen, damit sie von den Menschen geehrt werden. Wahrlich, ich sage euch, sie haben ihren Lohn dahin." Wenn wir anderen helfen, um von Menschen Ehre zu bekommen, werden wir vielleicht für einen Augenblick geehrt, aber wir bekommen keine Belohnung von Gott.

Diese Art von Geben dient nur der eigenen Zufriedenheit oder dem Prahlen. Wenn jemand bloß formell wohltätig ist, wird sich sein Herz immer stärker erheben, je mehr er gelobt wird. Wenn Gott so jemanden segnet, meint derjenige vielleicht, er verhalte sich in Gottes Augen richtig. Aber dann beschneidet er sein Herz nicht; so schadet ihm der Segen. Wenn man dagegen aus Liebe zu seinem Nächsten wohltätig ist, ist es einem egal, ob man dafür anerkannt wird oder nicht, denn man glaubt, dass Gott der Vater sieht, was man im Verborgenen tut und Er wird einen belohnen (Matthäus 6,3-4).

Im Auftrag des Herrn wohltätig zu sein umfasst mehr, als das

Notwendigste wie Kleidung, Nahrung und eine Unterkunft zur Verfügung zu stellen. Es geht vielmehr um das geistliche Brot zur Rettung der Seele. Heute sagen viele Menschen, egal ob sie gläubig sind oder nicht, die Kirche sei dafür zuständig, den Kranken, Vernachlässigten und Armen zu helfen. Das ist natürlich nicht falsch, doch die vornehmliche Aufgabe der Gemeinde ist es, das Evangelium zu predigen und Seelen zu retten, damit sie geistlichen Frieden haben können. Das ist der eigentliche Zweck von Wohltätigkeit.

Wenn wir anderen helfen, ist es somit sehr wichtig, die wohltätige Arbeit korrekt zu tun - nämlich unter der Leitung des Heiligen Geistes. Wenn einer Person auf eine nicht korrekte Art und Weise geholfen wird, kann das dazu führen, dass sie sich noch mehr von Gott entfernt. Im schlimmsten Fall führt das vielleicht sogar zu ihrem Tod. Wenn wir beispielsweise denen, die wegen exzessivem Alkoholgenuss und ihre Spielsucht arm geworden sind, helfen oder aber denen, die sich bei Schwierigkeiten gegen den Willen Gottes entschieden haben, sorgt unsere Unterstützung nur dafür, dass sie noch stärker in die falsche Richtung gehen. Natürlich soll das nicht heißen, dass wir ungläubigen Menschen nicht helfen. Ungläubigen sollten wir helfen, indem wir ihnen die Liebe Gottes bringen. Dabei dürfen wir aber nicht vergessen, dass das Hauptziel von Wohltätigkeit das Verbreiten des Evangeliums ist.

Bei jungen Christen, deren Glauben noch schwach ist, ist es unabdingbar, dass wir sie stärken, bis ihr Glaube gewachsen ist. Manchmal gibt es selbst unter denen, die Glauben haben, einige, die Leiden oder Krankheiten geerbt haben und andere, die in

Unfälle verwickelt waren, die nun ihren Lebensunterhalt nicht mehr verdienen können. Darüber hinaus gibt es Rentner, die allein leben oder Kinder, die ihre Familien ernähren, weil die Eltern abwesend sind. Solche Leute brauchen unbedingt wohltätige Spenden. Wenn wir denen helfen, die wirklich Bedarf haben, lässt Gott es unserer Seele rundherum wohlergehen.

In Apostelgeschichte 10 finden wir Kornelius, einen Mann, der Segen empfing. Kornelius war ein gottesfürchtiger Mensch, der dem jüdischen Volk viel geholfen hatte. Er war ein Hauptmann, genauer gesagt ein ranghoher Offizier der Besatzermacht, die über Israel herrschte. Aufgrund dieser Situation muss es für ihn schwierig gewesen sein, den Menschen vor Ort zu helfen. Die Juden dürften angesichts dessen, was er tat, leicht skeptisch gewesen sein; seine Kollegen waren vielleicht kritisch. Doch weil er Gott fürchtete, stellte er seine guten Taten nicht ein. Gott sah all das und trug Petrus auf, ihn zu Hause zu besuchen, so dass nicht nur die direkten Angehörigen von Kornelius, sondern alle, die bei ihm daheim waren, errettet werden und den Heiligen Geist empfangen konnten.

Nicht nur karitative Arbeit muss mit geistlicher Liebe getan werden; das gilt auch für Opfer, die wir Gott bringen. In Markus 12 lesen wir etwas über die Witwe, die von Jesus gelobt wurde, weil sie ihr Opfer von ganzem Herzen brachte. Sie spendete nur zwei Scherflein, was ihren Lebensunterhalt darstellte. Warum lobte Jesus sie dann? In Matthäus 6,21 lesen wir: „Denn wo dein Schatz ist, da wird auch dein Herz sein." Wie gesagt bedeutete die Tatsache, dass die Witwe ihr gesamtes Geld gab, dass sie Gott ihr Opfer von Herzen brachte. Es war ein Ausdruck ihrer Liebe zu

Gott. Dagegen sind Opfer, die zögerlich gegeben werden oder bei denen der Geber sich der Einstellung und Meinung von anderen bewusst ist, Gott nicht wohlgefällig. Dementsprechend nützen solche Opfer dem Geber nichts.

Reden wir nun darüber, wie wir uns selbst opfern können. Mit „wenn ich meinen Leib hingebe, damit ich Ruhm gewinne (oder gemäß anderen Übersetzungen: damit ich verbrannt werde)" ist gemeint, dass man sich vollkommen hingibt. Normalerweise werden Opfer aus Liebe gebracht, aber sie können auch ohne gebracht werden. Welche Opfer sind denn die, die ohne Liebe gebracht werden?

Wenn man sich über verschiedene Dinge beschwert, nachdem man etwas für Gott getan hat, dann ist das ein Indiz für ein ohne Liebe gebrachtes Opfer. Sagen wir einmal, du stellst deine ganze Kraft, deine Zeit und dein ganzes Geld in den Dienst Gottes, wirst aber dafür nicht anerkannt oder gelobt. Wenn du dich dann selbst bemitleidest und beschwerst, wäre das ein Beispiel. Vielleicht siehst du deine Kollegen und meinst, sie seien nicht so eifrig wie du, obwohl sie behaupten, sie lieben Gott und den Herrn. Möglicherweise denkst du bei dir sogar, sie seien faul. Doch am Ende geht es nur darum, dass du sie verurteilst und verdammst. Mit dieser Einstellung hegst du insgeheim den Wunsch, dass andere Leute von deiner Arbeit erfahren, so dass du von ihnen gelobt wirst und mit deiner Treue prahlen kannst. Solche Opfer können den Frieden zwischen Menschen zerstören und Gott das Herz brechen. Opfer ohne Liebe nützen also gar nichts.

Vielleicht beschwerst du dich nicht mit hörbaren Worten, aber wenn dich niemand für deine treue Arbeit anerkennt, bist du enttäuscht, du meinst, du seist niemand und schließlich erkaltet dein Eifer für den Herrn. Wenn dich jemand auf deine Fehler oder Schwächen bei der Arbeit hinweist, obwohl du sie mit ganzer Kraft erledigt und dich selbst geopfert hast, verlierst du vielleicht den Mut und beschuldigst die, die dich kritisiert haben. Wenn jemand mehr Früchte trägt als du und dafür gelobt und bevorzugt wird, wirst du eifersüchtig und neidisch auf ihn. Doch dann hast du keine echte Freude in dir, egal, wie treu und eifrig zu gewesen bist. Vielleicht gibst du anschließend sogar deine Pflichten auf.

Es gibt auch Leute, die nur eifrig sind, wenn andere zuschauen. Wenn niemand es sieht und sie nicht mehr beachtet werden, werden sie faul und machen ihre Arbeit unordentlich, wie sie gerade Lust haben. Anstatt Arbeiten zu erledigen, die niemand mitbekommt, machen sie nur das, was viele andere sehen. Der Grund dafür ist, dass sie sich gegenüber den älteren und vielen anderen Menschen nur selbst darstellen wollen und auf Lob warten.

Wenn jemand Glauben hat, wie kann er sich dann ohne Liebe selbst aufopfern? Der Grund ist, dass es ihm an geistlicher Liebe mangelt. Mit seinem Herzen hat er noch nicht erfasst, dass alles, was Gott gehört, ihm gehört, und umgekehrt.

Ein Beispiel: Vergleiche die Situation, wenn ein Bauer seinen eigenen Acker bearbeitet mit einem Landarbeiter, der für seinen Lohn auf jemand anderes Feld im Einsatz ist. Wenn ein Bauer sein eigenes Feld kultiviert, ist er gerne bereit, von früh bis spät zu schuften. Er lässt keine der Arbeiten aus und erledigt alles, was es zu tun gibt. Aber wenn ein Landarbeiter auf jemand anderes Acker arbeitet, pumpt er nicht all seine Kraft in die Arbeit. Stattdessen hofft er, die Sonne wird so schnell wie möglich untergehen, damit er seinen Tageslohn abholen und nach Hause gehen kann. Dasselbe Prinzip gilt für das Königreich Gottes. Wenn Menschen die Liebe Gottes nicht in ihrem Herzen haben, arbeiten sie nur oberflächlich, wie jemand, der angeheuert wurde und nur seinen Lohn will. Er wird nur stöhnen und sich beschweren, wenn er den erwarteten Lohn nicht bekommt.

Darum heißt es in Kolosser 3,23-24: „Was ihr auch tut, arbeitet von Herzen als dem Herrn und nicht den Menschen, da ihr wisst, dass ihr vom Herrn als Vergeltung das Erbe empfangen werdet; ihr dient dem Herrn Christus." Anderen zu helfen und sich selbst aufzuopfern, hat - ohne geistliche Liebe - nichts mit Gott zu tun, was auch bedeutet, dass wir dafür von Gott keine Belohnung bekommen (Matthäus 6,2).

Wenn wir mit wahrhaftigen Herzen Opfer bringen wollen, brauchen wir dafür geistliche Liebe. Wenn unser Herz von wahrer Liebe erfüllt ist, können wir unser Leben dem Herrn weiter widmen - mit allem, was wir haben, egal, ob andere uns dafür Anerkennung zollen oder nicht. So wie eine angezündete Kerze in der Finsternis scheint, können wir auf alles, was wir haben, verzichten. Wenn der Priester im Alten Testament ein Tier tötete, um es Gott als Sühneopfer zu bringen, goss er das Blut aus und verbrannte das Fett im Feuer auf dem Altar. Unser Herr Jesus, der wie ein Tier zur Sühnung unserer Sünden geopfert wurde, vergoss selbst Seine letzten Tropfen Blut und Wasser, um uns Menschen von ihren Sünden zu erlösen. Er zeigte uns damit, wie ein echtes Opfer aussieht.

Warum war Sein Opfer so wirksam, sodass viele Seelen errettet werden können? Der Grund ist, dass Sein Opfer aus vollkommener Liebe dargebracht wurde. Jesus erfüllte den Willen Gottes, indem Er Sein Leben aufgab. Er betete sogar während der Kreuzigung noch im letzten Moment für die beiden anderen Männer am Kreuz (Lukas 23,34). Da es ein wahres Opfer war, erhöhte Gott Ihn und gab Ihm ein die herrlichste Position im Himmel.

So steht es in Philipper 2,9-10: „Darum hat Gott ihn auch hoch erhoben und ihm den Namen verliehen, der über jeden Namen ist, damit in dem Namen Jesu jedes Knie sich beuge, der Himmlischen und Irdischen und Unterirdischen."

Wenn wir Gier und unreine Wünsche ablegen und uns selbst wie Jesus mit reinem Herzen opfern, wird Gott auch uns erhöhen und zu einer höheren Position führen. In Matthäus 5,8 verheißt unser Herr: „Glückselig, die reinen Herzens sind, denn sie werden Gott schauen." Auch wir werden den Segen empfangen, Gott von Angesicht zu Angesicht sehen zu dürfen.

Liebe geht über Gerechtigkeit hinaus

Pastor Yang Won Sohn wird als „Atombombe der Liebe" bezeichnet. Er ist ein Beispiel dafür, wie ein Opfer wirklich aus Liebe dargebracht wurde. Er kümmerte sich mit ganzer Kraft um Leprakranke. Er kam auch ins Gefängnis, weil er sich weigerte, vor japanischen Schreinen anzubeten, als die Japaner über Korea herrschten. Obwohl er sich dem Dienst für Gott gewidmet hatte, musste er schockierende Nachrichten hören. Im Oktober 1948 wurden zwei seiner Söhne von linksgerichteten Soldaten getötet - bei einer Rebellion gegen die Herrschenden.

Normale Leute hätten sich über Gott beschwert: „Wenn Gott lebt, wie hat Er mir das nur antun können?" Doch er dankte, dass seine beiden Söhne Märtyrer wurden und in den Himmel kamen, wo sie nahe beim Herrn sind. Darüber hinaus vergab er dem Rebellen, die seine Söhne getötet hatte und adoptierte ihn sogar. Bei der Beerdigung seiner Söhne dankte er Gott aus neun verschiedenen Gründen, was die Herzen vieler Menschen ganz tief berührte. Er sagte:

Erstens bin ich dankbar, dass meine Söhne Märtyrer wurden, auch wenn sie von meinem Stammbaum kommen, denn ich bin voller Sühnen.

Zweitens bin ich dankbar, dass Gott meiner Familie diese beiden kostbaren Menschen schenkte - bei all den vielen gläubigen Familien, die es gibt.

Drittens bin ich dankbar, dass mein erster und zweiter Sohn beide geopfert wurden; sie waren die schönsten meiner drei Söhne und drei Töchter.

Viertens passiert es nicht so leicht, dass ein Sohn Märtyrer wird, aber zwei meiner Söhne sind Märtyrer geworden, so bin ich dankbar.

Fünftens ist es ein Segen, im Frieden und im Glauben an den Herrn Jesus zu sterben und so bin ich dankbar, dass sie die Ehre des Märtyrertums empfangen haben und erschossen wurden, weil sie das Evangelium predigten.

Sechstens bereiteten sie sich darauf vor, in den Vereinigten Staaten zu studieren, aber jetzt sind sie im Königreich der Himmel, einem Ort, der so viel besser als die Vereinigten Staaten ist. Ich bin entspannt und dankbar.

Siebtens bin ich dankbar, dass Gott es mir ermöglicht hat, meinen Pflegesohn zu adoptieren, den Feind, der meine beiden Söhne tötete.

Achtens bin ich dankbar, weil ich glaube, dass es im Himmel reichlich Frucht geben wird, weil meine Söhne Märtyrer wurden.

Neuntens bin ich dankbar, weil Gott mir geholfen hat, mir Seine Liebe vor Augen zu halten, so dass ich in der Lage bin, mich selbst in dieser schweren Situation zu freuen.

Um sich um Kranke kümmern zu können, ließ sich Pastor Yang Won Sohn im Koreanischen Krieg nicht evakuieren. Er wurde am Ende von kommunistischen Soldaten zum Märtyrer gemacht. Er sorgte für kranke Menschen, die andere vollkommen im Stich gelassen hatten, und den Feind, der seine Söhne getötet hatte, behandelte er mit Güte. Er war in der Lage, sich selbst so zu opfern, weil er mit einer echten Liebe zu Gott und für andere Seelen erfüllt war.

In Kolosser 3,14 heißt es: „Zu diesem allen aber zieht die Liebe an, die das Band der Vollkommenheit ist!" Selbst wenn wir so schöne Worte aussprechen wie Engel, fähig sind, Prophetien weiterzugeben, Glauben haben, der Berge bewegt, und uns für Bedürftige einsetzen, sind diese Handlungen in Gottes Augen nicht perfekt, wenn sie nicht aus echter Liebe geschehen. Lasst uns jetzt die Bedeutung von echter Liebe betrachten, um in die grenzenlosen Dimensionen von Gottes Liebe einzutauchen.

Die Eigenschaften der Liebe

„Die Liebe ist langmütig, die Liebe ist gütig, sie neidet nicht, die Liebe tut nicht groß, sie bläht sich nicht auf, sie benimmt sich nicht unanständig, sie sucht nicht das Ihre, sie lässt sich nicht erbittern, sie rechnet Böses nicht zu, sie freut sich nicht über die Ungerechtigkeit; sondern sie freut sich mit der Wahrheit, sie erträgt alles, sie glaubt alles, sie hofft alles, sie erduldet alles."

1. Korinther 13,4-7

In Matthäus 24 finden wir eine Szene, in der Jesus klagte, als Er auf Jerusalem schaute, weil Er wusste, dass Sein Ende kurz bevorstand. Er musste gemäß der Vorsehung Gottes ans Kreuz geschlagen werden, doch als Er an das Desaster dachte, dass über die Juden und Jerusalem kommen würde, konnte Er nicht anderes tun als zu klagen. Die Jünger wussten nicht, warum und stellten die Frage: „[W]as ist das Zeichen deiner Ankunft und der Vollendung des Zeitalters?" (Vers 3)

Darauf sagte Jesus, dass es viele Zeichen geben würde; Er beklagte gleichzeitig, dass die Liebe erkalten würde: „[U]nd weil die Gesetzlosigkeit überhandnimmt, wird die Liebe der meisten erkalten." (Vers 12)

Heute spürt man definitiv, dass die Liebe der Menschen erkaltet ist. Viele Menschen trachten nach Liebe, aber sie wissen nicht, was wahre, sprich geistliche, Liebe ist. Wir können keine wahre Liebe haben, nur weil wir es wollen. Wir können anfangen, sie zu gewinnen, wenn die Liebe Gottes in unser Herz eindringt. Wir können anfangen zu begreifen, was sie ist und gleichzeitig beginnen, das Böse aus unserem Herzen vertreiben.

In Römer sehen wir: „[D]ie Hoffnung aber lässt nicht zuschanden werden, denn die Liebe Gottes ist ausgegossen in unsere Herzen durch den Heiligen Geist, der uns gegeben worden ist." Wie erwähnt, können wir die Liebe Gottes durch den Heiligen Geist in unserem Herzen spüren.

Gott beschreibt all diese Charaktereigenschaften der geistlichen Liebe in 1. Korinther 13,4-7. Gottes Kinder sind aufgefordert, etwas über sie zu lernen und sie umzusetzen, so dass sie Botschafter der Liebe werden können, die andere Menschen Seine geistliche Liebe spüren lassen.

1. Liebe ist langmütig

Wenn es jemandem - von all den Eigenschaften der geistlichen Liebe - an Geduld mangelt, kann er andere Menschen leicht entmutigen. Stell dir vor, ein Vorgesetzter überträgt jemandem eine Aufgabe, aber er führt sie nicht korrekt aus. Dann gibt der Vorgesetzte sie schnell an jemand anderen weiter, der sie zu Ende führen soll. Da verspürt derjenige, dem der Auftrag zunächst übergeben wurden, vielleicht Verzweiflung, weil er keine zweite Chance bekam, um das wiedergutzumachen, was er beim ersten Mal nicht gut gemeistert hatte. Gott hat „Geduld" oder „Langmut" als erste Eigenschaft der geistlichen Liebe genannt, weil sie die wichtigste Charaktereigenschaft für das Wachsen von geistlicher Liebe ist. Wenn wir lieben, ist das Warten nicht langweilig.

Wenn uns die Liebe Gottes einmal bewusst geworden ist, versuchen wir, sie mit den Menschen um uns herum zu teilen. Wenn wir versuchen, andere Leute mit dieser Liebe zu lieben, stoßen wir dabei manchmal auf negative Reaktionen, die uns wirklich das Herz brechen, großen Verlust bringen oder Schaden zufügen. Dann sehen diese Leute unserer Ansicht nach nicht mehr besonders liebenswürdig aus und wir können sie nicht mehr gut verstehen. Um geistliche Liebe zu haben, müssen wir mit ihnen geduldig sein und auch solche Menschen lieben. Selbst wenn sie uns verunglimpfen, hassen oder uns das Leben grundlos schwer machen wollen, müssen wir unsere Gedanken kontrollieren, um geduldig zu sein und sie zu lieben.

Einmal bat mich ein Mitglied meiner Gemeinde, für seine Frau zu beten, die unter Depressionen litt. Er sagte auch, er sei ein Alkoholiker und wenn er erst einmal anfing zu trinken, sei er ein ganz anderer Mensch und mache allen Familienmitgliedern das Leben schwer. Seine Frau sei allerdings immer geduldig und versuche, seine Fehler mit Liebe zu überdecken. Doch seine Gewohnheit änderte sich nie und im Laufe der Zeit, wurde er alkoholsüchtig. Seine Frau verlor ihre Lebenslust und wurde von Depressionen überwältigt.

Er machte seiner Familie das Leben so schwer, weil er trank. Doch dann bat er um Gebet, weil er seine Frau immer noch liebte. Nachdem ich seine Geschichte gehört hatte, sagte ich zu ihm: „Wenn du deine Frau wirklich liebst, warum fällt es dir so schwer mit dem Rauchen und Trinken aufzuhören?" Er sagte dazu nichts und hatte scheinbar kein Selbstbewusstsein. Mir tat seine Familie leid. Ich betete, dass seine Frau von den Depressionen geheilt würde und für ihn, dass er die Kraft empfangen würde, mit dem Rauchen und Trinken aufzuhören. Gottes Kraft ist erstaunlich! Der Mann konnte aufhören, über das Trinken nachzudenken, nachdem er das Gebet empfangen hatte. Davor war es ihm unmöglich gewesen, mit dem Alkohol aufzuhören, doch er gab das Trinken gleich nach dem Gebet auf und seine Frau wurde von Depressionen geheilt.

Langmütig zu sein ist der Anfang der geistlichen Liebe

Um geistliche Liebe zu kultivieren, müssen wir mit anderen Menschen in allen Situationen Geduld üben. Leidest du in deiner

Standhaftigkeit unter Unbehagen? Oder lässt du dich, wie die Frau in der Geschichte, entmutigen, wenn du dich schon seit langem in Geduld übst und die Situation sich nicht zum Besseren geändert hat? In diesem Fall müssen wir - bevor wir den Umständen oder anderen Menschen die Schuld geben - zunächst einmal unser Herz prüfen. Wenn wir die Wahrheit vollkommen in unserem Herzen bewegt haben, gibt es keine Situation, in der wir nicht geduldig sein können. Wenn wir nicht geduldig sein können, heißt das, dass es immer noch Böses in unserem Herzen gibt, das unwahr ist - und zwar in dem Maße, wie es uns an Geduld mangelt.

Geduldig zu sein, heißt mit uns selbst Geduld zu üben - und auf alle Schwierigkeiten, die uns begegnen, geduldig zu reagieren, wenn wir versuchen, Liebe zu demonstrieren. Es gibt verschiedene Situationen, in denen wir versuchen können, alle Menschen - im Gehorsam gegenüber dem Wort Gottes - zu lieben. Es ist die Geduld geistlicher Liebe, mit der wir unter allen Umständen geduldig sein können.

Diese Geduld unterscheidet sich von der Geduld, die in

Geduld als eine der neun Früchte des Heiligen Geistes	1. Es bedeutet, alle Unwahrheiten abzulegen und ein wahrhaftiges Herz zu entwickeln. 2. Es bedeutet, andere zu verstehen, nach dem zu trachten, was ihnen nützt, und mit ihnen in Frieden zu leben. 3. Es bedeutet, Gebetserhörungen, Errettung und alles, was Gott verheißen hat, zu empfangen.

Galater 5,22-23 als eine der neun Früchte des Heiligen Geistes aufgezählt wird. Inwieweit ist sie anders? Die „Geduld" unter den neun Früchten des Heiligen Geistes fordert uns eindringlich auf, für das Königreich und die Gerechtigkeit Gottes in allem geduldig zu sein. Dagegen ist die Geduld der geistlichen Liebe dafür da, dass wir geduldig oder langmütig sind, wenn es darum geht, geistliche Liebe zu kultivieren. Sie ist also enger gesteckt und hat eine spezifischere Bedeutung. Man könnte sagen, sie gehört zu der Geduld, die ein Teil der neun Früchte des Heiligen Geistes ist.

Heutzutage zerren Leute ihre Mitmenschen sehr schnell vor Gericht - selbst bei minimalen Schäden an ihrem Hab und Gut oder an ihrer Person. Es gibt eine regelrechte Welle von Klagen. Oft werden sogar die Ehefrau oder der Ehemann verklagt - oder die eigenen Eltern oder Kinder. Wenn du mit anderen Menschen geduldig bist, verachten dich die Leute sogar und bezeichnen dich als Narr. Doch was hat Jesus dazu zu sagen?

In Matthäus 5,39 steht: „Ich aber sage euch: Widersteht nicht dem Bösen, sondern wenn jemand dich auf deine rechte Backe schlagen wird, dem biete auch die andere dar." Und in Matthäus 5,40 lesen wir: „[U]nd dem, der mit dir vor Gericht gehen und dein Untergewand nehmen will, dem lass auch den Mantel!"

Jesus sagte nicht nur, wir sollen Böses nicht mit Bösem vergelten, sondern auch, dass wir geduldig sein müssen. Und Er sagt uns, wir sollen Menschen, die böse sind, Gutes tun. Wir fragen uns vielleicht: „Wie können wir ihnen Gutes tun, wenn sie so zornig und verletzt sind?" Wenn wir Glauben und Liebe haben, sind wir besser ausgerüstet, das zu tun. Es ist der Glaube an die Liebe Gottes, der uns Seinen eingeborenen Sohn zur Vergebung unserer Sünden gab. Wenn wir glauben, dass wir diese Art von Liebe empfangen haben, können wir auch Leuten vergeben, die uns viel Leid und Verletzungen zugefügt haben. Wenn wir Gott lieben, der so weit ging, Seinen einzigen Sohn für uns zu opfern, und wenn wir den Herrn lieben, der Sein Leben für uns gab, werden wir in die Lage versetzt, jeden anderen Menschen zu lieben.

Grenzenlose Geduld

Einige Menschen unterdrücken Hass, Zorn, Wut und negativen Emotionen, bis sie an die Grenze ihrer Geduld kommen und dann schließlich explodieren. Manche introvertierte Personen können sich nicht so leicht ausdrücken, leiden aber in ihrem Herzen. Dies führt zu Gesundheitsproblemen, die von übermäßigem Stress verursacht werden. Diese Art von Geduld ist so, wie wenn man eine Metallfeder mit den Händen zusammenpresst. Wenn man die Hände öffnet, geht die Feder auf und springt weg.

Die Art von Geduld, die sich Gott für uns wünscht, soll bis zum Ende reichen - und zwar ohne, dass sich unsere positive Einstellung dabei ändert. Genauer gesagt, wenn wir diese Art von Geduld haben, brauchen wir bei überhaupt nichts geduldig sein, denn wir haben im Herzen weder Hass noch Ressentiments. Wäre dem so, hätten wir das ursprüngliche Böse, das schlechte Gefühle verursacht, bereits entfernt und durch Liebe und Mitgefühl ersetzt. Das ist die Essenz der geistlichen Bedeutung von Geduld oder Langmut. Wenn wir nichts Böses mehr in unserem Herzen haben, sondern nur die Fülle geistlicher Liebe, ist es nicht einmal schwer, unsere Feinde zu lieben. In dem Fall würden wir Feindschaft gar nicht erst entstehen lassen.

Wenn unser Herz voller Hass, Streit, Neid und Eifersucht ist, sehen wir bei anderen Menschen zuerst das Negative, obwohl sie eigentlich gutherzig sind. Das ist so, wie wenn du einen Sonnenbrille trägst: alles sieht dunkler aus. Ist unser Herz dagegen voller Liebe, sehen selbst Leute, die aus Boshaftigkeit heraus agieren, liebenswürdig aus. Egal welches Defizit, welche Fehler oder Schwächen sie auch haben, wir werden sie deswegen nicht hassen. Selbst wenn sie uns hassen und uns gegenüber böse reagieren würden, würden wir sie dafür im Gegenzug nicht hassen.

Geduld ist auch im Herzen Jesu, der das geknickte Rohr nicht zerbricht und den glimmenden Docht nicht auslöscht. Sie ruhte ebenso im Herzen von Stephanus, der für diejenigen betete, die ihn steinigten: „Herr, rechne ihnen diese Sünde nicht zu!" (Apostelgeschichte 7,60) Sie steinigten ihn, weil er das Evangelium predigte. War es für Jesus schwer, Sünder zu lieben? Nein, ganz und gar nicht! Der Grund ist, dass Sein Herz die Wahrheit selbst ist.

Eines Tages fragte Petrus Jesus: „Herr, wie oft soll ich meinem Bruder, der gegen mich sündigt, vergeben? Bis siebenmal?" (Matthäus 18,21) Darauf erwiderte Jesus: „Ich sage dir: Nicht bis siebenmal, sondern bis siebzigmal siebenmal!" (Vers 22)

Das heißt aber nicht, wir brauchen nur siebzigmal sieben zu vergeben, was 490 Mal wäre. Sieben ist geistlich gesehen die Zahl für Vollkommenheit. Siebzigmal sieben steht demnach für vollkommene Vergebung. Daran erkennen wir die unbegrenzte

Liebe und Vergebung Jesu.

Geduld, die geistliche Liebe verwirklicht

Es ist sicher nicht einfach, Hass von heute auf morgen durch Liebe zu ersetzen. Wir müssen lange geduldig sein - ohne unterlass. In Epheser 4,26 steht: „Zürnet, und sündigt dabei nicht! Die Sonne gehe nicht unter über eurem Zorn."

Das Wort „zürnen" hier richtet sich an die Menschen, die einen schwachen Glauben haben. Gott sagt diesen Leuten, dass selbst wenn sie aus Mangel an Glauben zornig werden, sie an diesem Zorn nicht bis zum Sonnenuntergang festhalten sollen, sondern dass sie diese Gefühle loslassen müssen. Je nach dem Maß des Glaubens kann sich jemand, wenn er schlechte Gefühle hat oder Zorn in seinem Herzen aufkommen lässt, geduldig bemühen, diese Emotionen abzulegen. So kann er auch sein Herz in ein wahrhaftiges verwandeln. Auf diese Weise kann dann geistliche Liebe Stück für Stück in seinem Herzen wachsen.

Die sündige Natur, die tiefe Wurzeln in jemandes Herzen geschlagen hat, kann die Person wieder loswerden, wenn sie eifrig in der Fülle des Heiligen Geistes betet. Es ist wichtig, dass wir die Leute, die wir nicht mögen, gnädig anschauen und sie gute Taten sehen lassen. Wenn wir das tun, verschwindet der Hass aus unserem Herzen und dann können wir diese Menschen auch lieben. Wir werden keinen Konflikt haben und es wird niemanden geben, den wir hassen. Wir werden in der Lage sein, ein glückliches Leben zu führen - wie im Himmel, so wie der Herr es gesagt hat: „Denn siehe, das Reich Gottes ist mitten unter euch" (Lukas 17,21).

Wenn Menschen glücklich sind, sagen sie, etwas sei „himmlisch". Ähnlich ist es mit dem Ausdruck, dass das Reich Gottes mitten unter uns ist. Es bedeutet, dass du alle Unwahrheiten aus deinem Herzen verbannen und dich mit Wahrheit, Liebe und Güte erfüllen lassen musst. Dann brauchst du nicht mehr geduldig zu sein, da du ohnehin immer glücklich und voller Freude und Gnade bist, weil du alle um dich herum liebst. Je mehr du das Böse ablegst und Güte entwickelst, desto weniger Geduld brauchst du zu üben. In dem Maße, wie du geistliche Liebe entwickelst, (ver)brauchst du keine extra Geduld, um irgendwelche negativen Gefühle zu unterdrücken. Stattdessen wirst du langmütig und friedlich warten, bis die anderen sich durch Liebe verändern.

Im Himmel gibt es weder Tränen noch Sorgen noch Schmerzen, denn dort gibt es nichts Böses, sondern nur Gutes und Liebe. Darum wirst du im Himmel niemanden hassen, zornig oder hitzköpfig sein. Du wirst deine Gefühle also nicht zügeln oder kontrollieren brauchen. Natürlich braucht unser Gott auch nicht geduldig sein, denn Er ist die Liebe selbst. Der Grund, warum die Bibel sagt, die Liebe sei geduldig, ist, dass wir als Menschen eine Seele, Gedanken und einen geistigen Rahmen haben. Gott will Menschen helfen, Dinge zu verstehen. Je mehr du das Böse abgelegt und Güte entwickelt hast, desto weniger Geduld brauchst du.

Einen Feind durch Geduld in einen Freund verwandeln

Abraham Lincoln, der sechzehnte Präsident der Vereinigten

Staaten, und Edwin Stanton waren nicht gut aufeinander zu sprechen, als sie noch Rechtsanwälte waren. Stanton stammte aus einer reichen Familie und hatte eine gute Ausbildung genossen. Der Vater von Lincoln war ein armer Schuster und er hatte nicht einmal die Grundschule abgeschlossen. Stanton verspottete Lincoln mit harschen Worten. Doch Lincoln wurde nie zornig und gab nie Widerworte.

Nachdem Lincoln zum Präsidenten gewählt worden war, ernannte er Stanton zum Kriegsminister; es war einer der wichtigsten Posten in seinem Kabinett. Lincoln wusste, Stanton war die richtige Person. Später, als Lincoln im Ford's Theater erschossen wurde, rannten viele Leute um ihr Leben. Doch Stanton rannte direkt zu Lincoln. Er hielt Lincoln in seinen Armen und erklärte mit Tränen in den Augen: „Hier liegt der großartigste Mann vor den Augen der Welt. Er ist der größte Politiker, den es je gab."

Die Geduld der geistlichen Liebe kann Wunder wirken und aus Feinden Freunde machen. In Matthäus 5,45 lesen wir: „… damit ihr Söhne eures Vaters seid, der in den Himmeln ist! Denn er lässt seine Sonne aufgehen über Böse und Gute und lässt regnen über Gerechte und Ungerechte."

Gott ist geduldig - sogar mit Menschen, die Böses tun, denn Er will, dass sie sich eines Tages ändern. Wenn wir böse Menschen böse behandeln, heißt das, dass auch wir böse sind. Doch wenn wir geduldig sind und sie lieben, indem wir auf Gott schauen, der uns belohnen wird, empfangen wir später im Himmel eine wunderschöne Wohnung (Psalm 37,8-9).

2. Liebe ist gütig

Unter den Fabeln von Aesop gibt es eine Geschichte über die Sonne und den Wind. Eines Tages wetteten die Sonne und der Wind, wer von beiden einem vorübergehenden Mann als den Mantel zuerst ausziehen würde. Der Wind war als erster dran, er blähte sich triumphierend auf und schickte eine Windböe, die stark genug war, einen Baum umzuhauen. Der Mann zog seinen Mantel noch enger um sich herum. Dann war die Sonne dran. Mit einem sanften Lächeln auf dem Gesicht sandte sie warme Sonnenstrahlen aus. Durch diese Wärme wurde es dem Mann heiß und bald darauf zog er seinen Mantel aus.

Aus dieser Geschichte kann man gut eine Lehre ziehen. Der Wind wollte den Mann zwingen, seinen Mantel auszuziehen. Dagegen ließ die Sonne den Mann seinen Mantel freiwillig ausziehen. Güte ist ähnlich. Güte bedeutet, das Herz anderer Menschen zu berühren und zu gewinnen - nicht durch körperliche Gewalt, sondern durch Freundlichkeit und Liebe.

Güte akzeptiert alle Menschen

Jemand, der gütig ist, kann jeden akzeptieren und viele Menschen können sich an seiner Seite ausruhen. Das Wörterbuch definiert Güte als „die Qualität oder den Zustand des Gütigseins" und gütig zu sein, heißt auch, Nachsicht zu üben. Wenn du an ein Stück Baumwolle denkst, kannst du Güte noch besser verstehen. Baumwolle macht keinen Lärm, selbst wenn sie mit anderen Gegenständen geschlagen wird; vielmehr umarmt sie sie einfach.

Eine gütige Person ist auch wie ein Baum, unter dem sich viele

Leute ausruhen können. Wenn du dich an einem heißen Sommertag unter einen großen Baum stellst, um der sengenden Hitze zu entfliehen, fühlst du dich viel besser und genießt die Abkühlung. Ähnlich ist es mit gütigen Menschen; viele möchten in ihrer Nähe sein und sich dort ausruhen.

Normalerweise bezeichnen wir einen Menschen nur dann als demütig und gutherzig, wenn er gütig und sanftmütig ist; wenn er auf Menschen, die ihn behelligen wollen, nicht zornig wird und nicht auf seine eigene Meinung pocht. Doch egal wie milde und sanftmütig jemand auch sein mag, wenn Gott diese Güte nicht anerkennt, kann er nicht wirklich als demütig bezeichnet werden. Es gibt Leute, die anderen gehorchen - aber nur, weil sie von Natur aus schwach und konservativ sind. Andere unterdrücken ihren Zorn, ärgern sich aber in Gedanken, wenn andere ihnen das Leben schwer machen. Sie können nicht als gütig eingestuft werden. Menschen, die nichts Böses, sondern nur Liebe im Herzen haben, akzeptieren und erdulden böse Leute mit geistlicher Sanftmut.

Gott wünscht sich geistliche Güte

Geistliche Güte resultiert aus der Fülle der geistlichen Liebe, die nichts Böses enthält. Mit dieser geistlichen Güte leistest du niemandem Widerstand, sondern akzeptierst ihn, egal was für ein Schurke er sein mag. Auch erduldest du Dinge, weil du weise bist. Wir dürfen jedoch nicht vergessen, dass wir nicht als gütig betrachtet werden können, wenn wir nicht bedingungslos Verständnis zeigen, anderen Menschen vergeben und gegenüber allen sanftmütig sind. Wir brauchen auch Gerechtigkeit, Ehre und Autorität, um andere leiten und beeinflussen zu können. Eine geistlich gütige Person ist also nicht nur sanftmütig, sondern auch weise und gerecht. So jemand führt ein vorbildliches Leben. Genauer gesagt verlangt geistliche Güte innerlich ein sanftmütiges Herz und äußerlich eine tugendhafte Großzügigkeit. Doch selbst wenn wir ein gütiges Herz haben, in dem es nichts Böses, sondern nur Güte gibt, reicht Sanftmut im Inneren noch nicht aus. Diese Güte allein befähigt uns nicht, andere Menschen ins Herz zu schließen und einen positiven Einfluss auf sie auszuüben. Es braucht auch den äußerlichen Charakter der tugendhaften Großzügigkeit. Nur so kann unsere Güte vervollkommnet werden und wir können große Kraft demonstrieren. Wenn wir großherzig sind und ein gütiges Herz haben, können wir die Herzen der Menschen um uns herum gewinnen und so viel mehr erreichen.

Ein Mensch kann anderen echte Liebe erweisen, wenn er ein gütiges Herz hat, von Mitgefühl erfüllt und großzügig ist; so kann er andere Leute auf den richtigen Weg führen. Und auf diese Weise kann er vielen Seelen den Weg der Errettung, also den rechten Weg, weisen. Innerliche Güte allein kann ihr Licht ohne eine äußerliche, tugendhafte Großzügigkeit nicht strahlen lassen. Lasst uns nun betrachten, was wir tun sollten, um innerliche Güte zu entwickeln.

Der Maßstab zum Einschätzen der inneren Güte ist die Heiligung

Um Güte zu erreichen, müssen wir zunächst alles Böse aus unserem Herzen vertreiben und geheiligt werden. Ein gütiges Herz ist wie Baumwolle und selbst wenn jemand aggressiv handelt, rührt es sich nicht, sondern akzeptiert die Person einfach. Jemand mit einem freundlichen, gütigen Herzen, hat nichts Böses mehr in sich und er hat auch mit keinem anderen mehr Konflikte. Ist unser Herz dagegen wegen Hass, Eifersucht und Neid scharfkantig, durch Selbstgerechtigkeit verhärtet oder im selbst gesteckten Rahmen unwillig, sich hinzugeben, dann wird es schwierig, andere Leute zu akzeptieren.

Wenn ein Stein herunterfällt und auf einen anderen festen Stein oder einen metallischen Gegenstand von hoher Dichte trifft, macht er Lärm und prallt ab. Wenn unser fleischliches Ich noch lebt, offenbaren wir unsere unbequemen Gefühle schon, wenn uns andere Leute nur das kleinste Unbehagen verursachen. Wenn wir wissen, dass ein Mensch Charakterdefizite oder andere Fehler hat, beschützen oder verstehen wir ihn vielleicht nicht. Stattdessen verurteilen oder verdammen wir ihn, tratschen über ihn oder verleumden ihn möglicherweise sogar. In dem Fall sind wir wie kleine Gefäße, die gleich überlaufen, wenn etwas hineingetan wird.

Es ist ein kleines, mit vielen schmutzigen Dingen gefülltes Herz, dass es keinen Platz hat, andere Sachen aufzunehmen. Beispielsweise können wir beleidigt sein, wenn andere auf unsere Fehler hinweisen. Oder wenn wir andere flüstern sehen, bilden wir uns vielleicht ein, sie reden über uns oder wir fragen uns, worüber sie sich unterhalten. Mag sein, wir richten andere nur, weil sie kurz in unsere Richtung schauen.

Nichts Böses im Herzen zu haben, ist die Grundvoraussetzung, um Güte zu entwickeln. Denn wenn es da nichts Böses gibt, ehren und wertschätzen wir andere Menschen in unserem Herzen und betrachten sie durch den Filter der Güte und Liebe. Eine gütige Person schaut ihre Mitmenschen immer

mit Barmherzigkeit und Mitgefühl an. Sie hat nicht die Absicht, andere zu verurteilen oder zu verdammen. Vielmehr möchte so jemand andere Menschen in Liebe und Güte verstehen können. Außerdem schmilzt durch seine Wärme sogar das Herz von bösen Menschen.
Es ist besonders wichtig, dass die, die lehren und andere anleiten, geheiligt sind. In dem Maße, wie sie Böses in sich haben, werden sie ihre eigenen fleischlichen Gedanken nutzen. In demselben Maße können sie auch die Situationen in der Gemeinde nicht richtig unterscheiden, was sie unfähig macht, Seelen auf grüne Auen und an ruhige Bäche zu leiten. Wir können die Führung des Heiligen Geistes erleben und Situationen in der Gemeinde korrekt verstehen, um sie auf die bestmögliche Weise zu leiten, aber nur, wenn wir vollkommen geheiligt sind. Gott kann diejenigen, die vollkommen geheiligt sind, als solche anerkennen, die wirklich gütig sind. Die Menschen haben unterschiedliche Standards in Bezug darauf, wer wirklich gütig ist. Doch das, was Leute als Güte ansehen und das, was in Gottes Augen gütig ist, sind zwei verschiedene Dinge.

Gott erkennt die Güte Mose an

In der Bibel erkannte Gott die Güte von Mose an. Wir können in 4. Mose 12 lernen, wie wichtig es ist, von Gott anerkannt zu werden. Eines Tages kritisieren Aaron, der Bruder von Moses, und seine Schwester Mirjam Mose, weil er eine kuschitische Frau geheiratet hatte.
In 4. Mose 12,2 lesen wir: „Und sie sagten: Hat der HERR nur etwa mit Mose geredet? Hat er nicht auch mit uns geredet? Und der HERR hörte es."

Was sagte Gott über das, was sie gesagt hatten? „[M]it ihm rede ich von Mund zu Mund, im Sehen und nicht in Rätselworten, und die Gestalt des HERRN schaut er. Warum habt ihr euch nicht gefürchtet, gegen meinen Knecht, gegen Mose, zu reden?" (4. Mose 12,8)

Die abwertenden Kommentare von Aaron und Mirjam über Mose erzürnten Gott. Deswegen bekam Mirjam Aussatz. Aaron war wie ein Sprecher für Mose; Mirjam hatte in der Gemeinde auch eine leitende Rolle. Sie dachten, auch sie würden so von Gott geliebt und anerkannt; doch als Mose ihrer Meinung nach etwas Falsches tat, kritisierten sie ihn dafür sofort.

Gott akzeptierte nicht, wie Aaron und Mirjam Mose verurteilten und sich gegen ihn äußerten - gemäß ihren eigenen Standards. Was für ein Mann war Mose? Er wurde von Gott anerkannt als der demütigste und sanftmütigste Mensch auf der ganzen Erde. Darüber hinaus war er in Gottes Haus auch treu. Deshalb genoss er bei Gott ein solches Vertrauen, so dass Er mit ihm von Angesicht zu Angesicht sprach.

Wenn wir betrachten, wie das Volk Israel aus Ägypten floh und nach Kanaan kam, sehen wir, warum Gottes Anerkennung für Mose so groß war. Die Menschen, die aus Ägypten kamen, begingen die gleichen Sünden mehrfach, indem sie sich gegen Gottes Willen entschieden. Sie beschwerten sich wegen Mose und gaben ihm selbst für die kleinsten Schwierigkeiten die Schuld. Doch das war, als würden sie sich direkt bei Gott beschweren. Jedes Mal, wenn sie meckerten, bat Mose Gott um Barmherzigkeit.

Es gab einen Vorfall, der auf dramatische Weise zeigte, wie gütig Mose war. Während er sich auf dem Berg Sinai befand, um die Gebote zu empfangen, machte sich das Volk einen Götzen, ein goldenes Kalb. Die Leute aßen und tranken und ließen sich gehen, während sie das Kalb anbeteten. Die Ägypter beteten damals einen Bullen und eine Kuh als Gott an; das ahmten die Israeliten hier nach. Gott hatte ihnen bewiesen, dass Er bei Ihnen war, doch bei ihnen konnte man keinerlei Veränderung wahrnehmen. Am Ende kam Gottes Zorn über sie. Da ging Mose in die Fürbitte für sie und stellte sich selbst als Pfand zur Verfügung. „Und nun, wenn du doch ihre Sünde vergeben wolltest! Wenn aber nicht, so lösche mich denn aus deinem Buch, das du geschrieben hast, aus" (2. Mose 32,32).

Dein „Buch, das du geschrieben hast" bezieht sich auf das Buch des Lebens, in dem die Namen derer stehen, die errettet sind. Wenn dein Name aus dem Buch des Lebens gestrichen würde, könntest du nicht gerettet werden. Das würde nicht nur bedeuten, dass du die Errettung nicht empfangen könntest, sondern auch, dass du für immer in der Hölle leiden müsstest. Mose wusste über das Leben nach dem Tod sehr genau Bescheid, aber er wollte das Volk retten, selbst wenn er dafür seine Errettung hätte aufgeben müssen. Das Herz von Mose war dem Herzen Gottes sehr ähnlich, denn der will nicht, dass auch nur ein Mensch verloren geht.

Mose entwickelte Güte durch Prüfungen

Natürlich hatte Mose diese Güte nicht gleich von Anfang an. Obwohl er Hebräer war, wurde er als Sohn einer ägyptischen Prinzessin aufgezogen und kannte keinen Mangel. Er genoss die höchste Bildung der Ägypter und beherrschte ihre Kampftechniken. Außerdem war er auch stolz und selbstgerecht. Eines Tages sah Mose, wie ein Ägypter einen Israeliten schlug und tötete diesen Ägypter aus Selbstgerechtigkeit.

Deswegen wurde er über Nacht zum Flüchtling. Zum Glück wurde er in der Wüste zu einem Hirten - mit der Hilfe eines Priesters von Midian; doch er hatte alles verloren. Sich um eine Schafherde zu kümmern, war in den Augen der Ägypter eine sehr demütigende Arbeit. Vierzig Jahre lang ging er einer Arbeit nach, die er vorher als herabwürdigend betrachtet hatte. Doch in dieser Zeit demütigte er sich vollkommen und ihm wurden viele Dinge über die Liebe Gottes und das Leben klar.

Gott berief nicht Mose, den Prinzen von Ägypten, zum Anführer für das Volk Israel. Er berief Mose, den Hirten, der sich als Teil dieser Berufung viele Male vollkommen demütigte. Er demütigte sich vollkommen und entfernte nach seinen Prüfungen alles Böse aus seinem Herzen. Aus genau diesem Grund konnte er 600.000 Männer aus Ägypten heraus- und ins Land Kanaan hineinführen.

Das Wichtige beim Kultivieren von Güte und Freundlichkeit ist, dass wir Güte und Liebe entwickeln, indem wir uns in Prüfungen, die Er uns durchlaufen lässt, vor Gott demütigen. Der Grad unserer Demut bewirkt auch in Sachen Güte einen Unterschied. Wenn wir mit unserem aktuellen Stand zufrieden sind und meinen, wir hätten die Wahrheit in einem gewissen Maß kultiviert und würden, wie im Falle von Aaron und Miriam, von anderen anerkannt, dann werden wir nur noch arroganter.

Tugendhafte Großherzigkeit vollendet geistliche Güte

Um geistliche Güte zu praktizieren, müssen wir nicht nur geheiligt werden, indem wir alles Böse ablegen, sondern wir müssen zusätzlich eine tugendhafte Großherzigkeit entwickeln. Damit ist gemeint, dass wir andere Menschen verstehen und akzeptieren; dass wir das Richtige tun, wie es unseren Pflichten als Menschen entspricht; dass wir charakterstark sind und anderen gestatten sich unterzuordnen und ihre Herzen hinzugeben. All das geschieht, wenn wir für ihre Fehler Verständnis aufbringen und sie annehmen, und nicht, indem wir physische Kraft anwenden. Menschen, die so sind, haben eine Liebe, die ihre Mitmenschen dazu inspiriert, Zutrauen und Vertrauen zu haben.

Tugendhafte Großherzigkeit ist wie Kleidung, die man trägt. Egal, wie gut wir innerlich sein mögen, wenn wir nackt sind, werden andere auf uns herabschauen. Ebenso gilt, dass egal wie gütig wir sind, wir den Wert unserer Güte nicht zeigen können, wenn wir keine tugendhafte Großherzigkeit demonstrieren. Ein Beispiel dafür wäre, dass jemand zwar innerlich gütig ist, aber viel Unnützes sagt, wenn er mit anderen spricht. So jemand hat keine bösen Absichten, wenn er das tut, doch er kann auf diese Weise das Vertrauen seiner Mitmenschen nicht erlangen, weil er nicht den Anschein erweckt, gute Manieren zu haben oder gebildet zu sein. Andere Menschen hegen keine negativen Gefühle, weil sie gütig sind, und sie fügen anderen auch keinen Schaden zu. Doch wenn sie anderen Leuten nicht aktiv helfen oder sich fürsorglich um sie kümmern, wird es für sie schwer sein, die Herzen vieler Menschen zu gewinnen.

Blumen, die keine schönen Farben haben oder gut riechen, ziehen keinen Bienen und Schmetterlinge an, selbst wenn sie viel Nektar haben. Genauso gilt: Selbst wenn wir gütig sind und die andere Backe hinhalten, wenn uns jemand ohrfeigt, kann unsere Güte nicht richtig strahlen, wenn unsere Worte und unser Handeln nicht von tugendhafter Großherzigkeit geprägt sind. Echte Güte kann nur erreicht werden und ihren wahren Wert zeigen, wenn die innere Güte das äußere Gewand der tugendhaften Großzügigkeit trägt.

Josef besaß eine tugendhafte Großherzigkeit. Er war der elfte Sohn von Jakob, dem Vater aller Israeliten. Seine Brüder hassten ihn und verkauften ihn als in jungen Jahren als Sklaven nach Ägypten. Doch mit Gottes Hilfe wurde er Premierminister von Ägypten im Alter von nur 30 Jahren. Damals war das am Nil gelegene Ägypten eine sehr starke Nation. Es galt als eine der vier großen „Wiegen der Zivilisation". Sowohl die Herrscher als auch das Volk waren sehr stolz auf sich und es war definitiv nicht leicht, als Ausländer zum Premierminister zu werden. Wenn er auch nur einen Fehler gemacht hätte, wäre er gezwungen gewesen, sein Amt sofort niederzulegen.

Doch selbst in dieser Situation regierte Josef Ägypten sehr gut und sehr weise. Er war gütig und demütig und beging weder in Wort noch in der Tat Fehler. Als Regierender hatte er Weisheit und Würde. Neben ihm besaß nur noch der König mehr Macht; dennoch versuchte er nicht, die Menschen zu beherrschen und stolzierte nicht herum. Er war mit sich selbst streng, aber anderen gegenüber sehr großzügig und sanft. Darum hatten weder der König noch die anderen Minister Berührungsängste. Sie waren ihm gegenüber nicht zögerlich oder eifersüchtig, sondern setzten ihr ganzes Vertrauen auf ihn. Davon können wir ausgehen, wenn wir darüber nachdenken, wie herzlich die Ägypter die Familie von Josef empfingen, die nach Ägypten floh, um der Hungersnot in Kanaan zu entfliehen.

Josefs Güte ging mit tugendhafter Großherzigkeit einher

Besitzt jemand diese tugendhafte Großherzigkeit, bedeutet das, er hat ein großes Herz und richtet und verurteilt andere nicht anhand seines eigenen Maßstabs, obwohl dieser von Aufrichtigkeit in Wort und Tat geprägt ist. Diese Charaktereigenschaft von Josef war deutlich zu sehen, als seine Brüder, die ihn als Sklaven nach Ägypten verkauft hatten, auf der Suche nach Nahrungsmitteln an den Nil kamen.

Zunächst erkannten Josefs Brüder ihn nicht. Das ist verständlich, denn sie hatten ihn über zwanzig Jahre lang nicht gesehen. Außerdem wäre ihnen sicher nie in den Sinn gekommen, dass Josef zum Premierminister von Ägypten avanciert war. Was spürte Josef, als er seine Brüder sah, die ihn fast getötet hätten und schließlich als Sklaven nach Ägypten verkauften? Es stand in seiner Macht, sie für ihre Sünde bezahlen zu lassen. Doch Josef wollte keine Rache. Er verbarg seine Identität und prüfte seine Brüder ein paar Mal, um zu sehen, ob ihre Herzen immer noch so waren wie früher.

Josef gab ihnen die Chance, vor Gott selbst für ihre Sünden Buße zu tun, denn zu planen, den eigenen Bruder zu töten oder als Sklave in ein anderes Land zu verkaufen, war keine Lappalie. Doch er vergab ihnen nicht nur vollkommen, sondern lenkte die Situation so, dass seine Brüder selbst Buße tun konnten. Erst nachdem sich seine Brüder an ihren Fehler erinnert und diesen bereut hatten, offenbarte Josef seine Identität.

In dem Moment hatten seine Brüder Angst. Ihr Leben war in der Hand ihres Bruders Josef und der diente als Premierminister von Ägypten, der damals stärksten Nation auf der Erde. Aber Josef hatte kein Verlangen, sie wegen dem Grund für ihr Handeln zu verhören. Er drohte ihnen auch nicht, indem er sagte: „Ihr werdet für eure Sünden bezahlen." Stattdessen versuchte er, sie zu trösten und zu beruhigen: „Und nun seid nicht bekümmert, und werdet nicht zornig auf euch selbst, dass ihr mich hierher verkauft habt! Denn zur Erhaltung des Lebens hat Gott mich vor euch hergesandt" (1. Mose 45,5).

Er erkannte die Tatsache an, dass es Gottes Plan war. Josef vergab seinen Brüdern nicht nur von ganzem Herzen, sondern tröstete sie mit seinen Worten und zeigte Verständnis. Josef handelte also auf eine Art, die selbst seine Feinde berührt hätte - etwa, was seine tugendhafte Großherzigkeit beweist. Seine Güte, die von tugendhafter Großzügigkeit begleitet war, war die Machtquelle, durch die so viele Menschenleben in und um Ägypten herum gerettet wurden - und sie bildet das Fundament zur Erfüllung von Gottes erstaunlichem Plan. Wie bisher dargestellt, ist tugendhafte Großherzigkeit der äußere Ausdruck von innerer Güte - und damit kann man die Herzen von vielen Menschen gewinnen und große Kraft und Macht demonstrieren.

Die Heiligung ist nötig, um tugendhafte Großherzigkeit zu haben

So wie innere Güte durch Heiligung erreicht werden kann, kann auch tugendreiche Großherzigkeit geübt werden, wenn wir das Böse ablegen und geheiligt werden. Natürlich kann auch jemand, der nicht geheiligt ist, in gewissem Maße tugendhaft und großherzig handeln, wenn er gebildet ist oder mit einem großzügigen Herzen geboren wurde. Doch echte tugendhafte Großzügigkeit kann nur aus einem Herzen kommen, dass frei vom Bösen ist und der Wahrheit allein folgt. Wenn wir tugendreiche Großherzigkeit tatsächlich kultivieren wollen, reicht es nicht, nur die Hauptwurzeln des Bösen aus unserem Herzen herauszuziehen. Wir müssen selbst die letzten Spuren des Bösen ablegen (1. Thessalonicher 5,22).

In Matthäus 5,48 steht: „Ihr nun sollt vollkommen sein, wie euer himmlischer Vater vollkommen ist." Wenn wir alles Böse aus unserem Herzen verbannt haben und mit unseren Worten und Taten, also in unserem Verhalten, tadellos sind, können wir Güte entwickeln, so dass viele Menschen bei uns Ruhe finden können. Aus diesem Grund dürfen wir uns nicht damit zufrieden geben, wenn wir endlich die Ebene erreicht haben, wo wir so böse Dinge wie Hass, Neid, Eifersucht, Arroganz und Wutanfälle abgelegt haben. Wir müssen zusätzlich auch kleine Fehler im Leib ablegen und so handeln, wie es der Wahrheit im Wort Gottes entspricht; wir müssen eifrig beten und die Leitung der Heiligen Geistes empfangen.

Was sind denn Fehler oder Handlungen im Leib? In Römer 8,13 heißt es: „...denn wenn ihr nach dem Fleisch lebt, so werdet ihr sterben, wenn ihr aber durch den Geist die Handlungen des Leibes tötet, so werdet ihr leben."

Mit dem Leib ist hier nicht nur unser physischer Körper gemeint. Geistlich gesehen bezieht sich Leib auf den Körper des Menschen, nachdem die Wahrheit aus ihm gewichen ist. Somit beziehen sich die „Handlungen des Leibes" auf Taten, die aus der Unwahrheit kommen, von der Menschheit erfüllt ist, was Veränderungen im Fleisch verursacht hat. Die Handlungen des Leibes beinhalten nicht nur offensichtliche Sünden, sondern alle möglichen unvollkommenen Taten oder Handlungen.

In der Vergangenheit hatte ich ein besonderes Erlebnis. Egal, welchen Gegenstand ich berührte, ich bekam einen elektrischen Schlag und zuckte jedes Mal. Darum hatte ich Angst, irgendetwas zu berühren. Danach fing ich an, mich im Gebet an den Herrn zu wenden, wenn ich etwas berührte. Wenn ich Gegenstände sehr vorsichtig berührte, bekam ich keinen Schlag. Zum Beispiel fasste ich den Türknauf sanft an, um die Tür zu öffnen. Sogar wenn ich den Gemeindemitgliedern die Hand gab, musste ich sehr vorsichtig sein. Dies zog sich über mehrere Monate hin und mein gesamtes Gebaren wurde sehr vorsichtig und sanft. Erst später wurde mir klar, dass Gott die Handlungen des Leibes durch diese Erlebnisse vervollkommnete.

Es mag trivial erscheinen, aber wie sich jemand benimmt, ist wichtig. Manche Menschen habe die Angewohnheit, andere Menschen, die neben ihnen sitzen oder stehen, zu berühren, wenn sie lachen oder reden. Manche reden, egal, wo sie sind, sehr laut, was den Menschen um sie herum peinlich ist. Dies stellt kein großes Fehlverhalten dar, sondern zählt als eine Handlung des Leibes. Diejenigen, die tugendhafte Großherzigkeit besitzen, verhalten sich im Alltag aufrichtig. Viele Menschen würden sich gerne bei so jemandem ausruhen.

Wie man den Charakter des Herzen ändert

Als nächstes müssen wir den Charakter unseres Herzens so kultivieren, dass er tugendhafte Großzügigkeit besitzt. Mit dem „Charakter des Herzen" ist die Größe des Herzens gemeint. Je nach dem individuellen Charakter des Herzens tun manche Menschen mehr als von ihnen erwartet wird, während andere nur das ihnen Angetragene oder etwas weniger als das tun. Ein Mann von tugendhafter Großherzigkeit hat ein großes, weites Herz. Er kümmert sich nicht nur um seine eigenen Angelegenheiten, sondern auch um andere Leute.

In Philipper 2,4 lesen wir: „[E]in jeder sehe nicht auf das Seine, sondern ein jeder auch auf das der anderen!" Dieser

Charakter des Herzens kann sich ändern, je nachdem wie weit wir unser Herz in allen Situationen erweitern. Wir können ihn also mit unseren stetigen Bemühungen ändern. Wenn wir allerdings nur ungeduldig auf unser persönliches Interesse aus sind, sollten wir sehr detailliert beten und unsere beschränkte Einstellung ändern und erweitern, um dem Vorrang zu geben was anderen Menschen nützt.

Bevor Josef als Sklave nach Ägypten verkauft wurde, wuchs er auf, als wäre er eine Pflanze oder Blume in einem Gewächshaus. Er konnte sich nicht um alles im Haus kümmern oder die Herzen und Situationen seiner Brüder einschätzen, die von ihrem Vater nicht geliebt wurden. Doch durch verschiedene Prüfungen entwickelt er ein Herz, das alles um ihn herum beobachtete und managte. Auch lernte er, die Herzen anderer Menschen in Betracht zu ziehen.

Gott erweiterte Josefs Herz und bereitete ihn darauf, Premierminister von Ägypten zu werden. Wenn wir in solches Herz, das darüber hinaus noch gütig und unschuldig ist, entwickeln, können wir uns auch um eine große Organisation kümmern. Das ist eine Tugend, die ein Leiter haben muss.

Segen für die Gütigen

Welche Art von Segen bekommen diejenigen, die die vollkommene Güte erreicht haben, indem sie das Böse aus ihrem Herzen verbannt und äußerlich sichtbar eine tugendhafte Großherzigkeit entwickelt haben? In Matthäus 5,5 steht geschrieben: „Glückselig die Sanftmütigen, denn sie werden das Land erben" und in Psalm 37,11 lesen wir: „Aber die Sanftmütigen werden das Land besitzen und werden ihre Lust haben an Fülle von Heil." Sie können also das Land erben. Mit Land ist hier eine Wohnung im Königreich der Himmel gemeint. Das Land zu erben bedeutet, dass so jemand „im Himmel in der Zukunft große Macht haben wird."

Warum sollen sie im Himmel große Autorität haben? Eine gütige Person stärkt die Seelen von anderen Leuten ähnlich wie Gott der Vater von ganzem Herzen und das wiederum bewegt deren Herz. Je sanftmütiger jemand wird, desto mehr kommt seine Seele in ihm zur Ruhe und wird zur Errettung geleitet. Wenn wir zu jemandem werden können, bei dem viele andere Menschen Ruhe finden, bedeutet das, dass wir ihnen in großem Maße gedient haben. Und himmlische Autorität geht an diejenigen, die dienen. In Matthäus 23,11 heißt es: „Der Größte aber unter euch soll euer Diener sein."

Dementsprechend wird eine sanftmütige Person viel Macht bekommen und wenn sie in den Himmel kommt, viel Land erben, wo sie dann wohnen wird. Selbst hier auf Erden haben Menschen mit Macht, Reichtum, Ruhm und Autorität Fans. Doch wenn sie alles, was sie hatten, verloren geht, verlieren sie auch einen Großteil ihrer Autorität. Viele ihrer Anhänger verlassen sie deshalb. Die geistliche Autorität eines gütigen Menschen ist anders als die von Leuten in der Welt. Sie verschwindet nicht und ändert sich auch nicht. Hier auf der Erde ist er in allem erfolgreich, während es seiner Seele gut geht. So jemand wird im Himmel von Gott auch in Ewigkeit mächtig gelobt und von zahllosen Seelen respektiert werden.

3. Liebe neidet nicht

Einige herausragende Schüler stellen Notizen zu den Fragen zusammen, die sie beim letzten Test nicht beantworten konnten. Sie prüfen, warum sie dies nicht konnten und befassen sich intensiv mit dem Thema, bevor sie weitermachen. Sie sagen, diese Methode sei sehr effektiv, um ein für sie schwieriges Thema in kurzer Zeit beherrschen zu können. Diese Herangehensweise kann man auch zur Entwicklung der geistlichen Liebe benutzen. Wenn wir unsere Worte und Taten im Detail prüfen und alle unsere Fehler nacheinander ablegen, können wir in kurzer Zeit geistliche Liebe erreichen. Lasst uns die nächste Eigenschaft von geistlicher Liebe betrachten: „Liebe neidet nicht (oder: ist nicht eifersüchtig)."

Eifersucht entsteht, wenn ein Gefühl von eifersüchtiger Bitterkeit oder Traurigkeit exzessiv wächst und einer anderen Person Böses angetan wird. Wenn wir merken, dass wir eifersüchtige oder neidische Gedanken haben, kommen ungute Gefühle auf, wenn wir jemanden sehen, der gelobt wurde oder Gunst erlebt hat. Stoßen wir auf jemand, der mehr weiß, reicher oder kompetenter ist als wir oder wenn ein Kollege reich wird und bei anderen Leuten Gunst hat, empfinden wir Neid. Manchmal hassen wir die Person vielleicht, wollen sie betrügen oder auf ihr herumtrampeln.

Andererseits sind wir eventuell entmutigt und meinen: „Er hat bei den anderen so viel Gunst. Aber was bin ich? Nichts!" Anders ausgedrückt: Wir sind mutlos, weil wir uns mit anderen vergleichen. Wenn wir mutlos sind, denken manche von uns möglicherweise, es sei gar keine Eifersucht. Doch die Liebe freut sich an der Wahrheit. Das heißt, wenn wir wahre Liebe haben, freuen wir uns, wenn es einer anderen Person gut geht. Sind wir mutlos und weisen uns selbst zurecht, oder wenn wir uns nicht mit der Wahrheit freuen, dann liegt das an unserem Ego, unserem „Ich", welches noch aktiv ist. Solange unser „Ich" noch lebt, ist unser Stolz verletzt, wenn wir meinen, wir seien weniger wert als andere.

Wenn die Eifersucht im Kopf wächst und dann in bösen Worten und Taten Ausdruck findet, handelt es sich dabei um die Eifersucht, um die es im Hohelied der Liebe geht. Wenn sie sich verschlimmert, ist sie sogar bereit, anderen Menschen Schaden zuzufügen oder sie zu töten. Eifersucht ist eine äußere Offenbarung eines bösen, schmutzigen Herzens. Darum ist es für Eifersüchtige schwierig, die Errettung zu empfangen (Galater 5,19-21). Der Grund ist, dass sie ein offenkundiges Werk des Fleisches ist, also Sünde, die äußerlich und sichtbar begangen wird. Eifersucht kann in verschiedene Kategorien eingestuft werden.

Eifersucht in romantischen Beziehungen

Eifersucht wird zum Handeln provoziert, wenn jemand in einer Beziehung mehr Liebe und Gunst vom Partner will, als er/sie gerade bekommt. Beispielsweise waren die beiden Ehefrauen von Jakob, Lea und Rahel, aufeinander eifersüchtig. Sowohl die eine als auch die andere wollte in Jakobs Gunst höher stehen. Lea und Rahel waren Schwestern, beide Töchter von Laban, dem Onkel Jakobs.

Jakob heiratete Lea, weil sein Onkel Laban in ausgetrickst und ihm seinen Wunsch nicht erfüllt hatte. Jakob war in Leas jüngere

Tochter Rahel verliebt. Er bekam sie zur Frau, musste dafür allerdings insgesamt vierzehn Jahre für seinen Onkel arbeiten. Vom ersten Tag an liebte Jakob Rahel mehr als Lea. Doch Lea bekam vier Kinder, während Rahel zunächst gar keins bekommen konnte.

Damals war es für eine Frau eine Schande, keine Kinder zu bekommen und Rahel war auf ihre Schwester Lea ständig eifersüchtig. Sie war derart von ihrer Eifersucht geblendet, dass sie auch ihrem Ehemann Jakob das Leben schwer machte: „Gib mir Kinder! Und wenn nicht, dann sterbe ich." (1. Mose 30,1)

Sowohl Rahel als auch Lea gaben Jakob ihre Dienerinnen als Konkubinen, um damit seine Liebe exklusiv für sich zu gewinnen. Hätten sie auch nur ein kleines bisschen echte Liebe in ihrem Herzen gehabt, hätten sie sich gefreut, dass die andere Frau bei ihrem Ehemann mehr Gunst hatte. Die Eifersucht machte sie alle - Lea, Rahel und Jakob - unglücklich. Darüber hinaus wirkte sie sich auch negativ auf ihre Kinder aus.

Eifersucht, wenn andere Menschen sich in glücklicheren Umständen befinden

Wie und wann Eifersucht empfunden wird, variiert von Person zu Person, je nach den Werten, die er oder sie im Leben hat. Doch normalerweise ist es so: Wenn jemand reicher ist, mehr weiß oder kompetenter ist als wir oder wenn der andere mehr Gunst erlebt oder mehr geliebt wird, werden wir eifersüchtig. Es ist nicht schwierig für uns, in der Schule, auf der Arbeit oder zu Hause eifersüchtig zu sein, wenn die Eifersucht aus dem Gefühl entsteht, dass es jemand anderem besser geht als uns. Wenn ein Mensch, der so alt ist wie wir, vorankommt und es ihm wirtschaftlich besser geht als uns, hassen wir ihn oder reden vielleicht schlecht über ihn. Wir meinen möglicherweise, wir müssten auf anderen herumtrampeln, denen es besser geht oder die mehr Gunst erleben.

Zum Beispiel reden manche Leute über die Fehler oder Mängel von anderen auf der Arbeit und sorgen so dafür, dass sie ungerechterweise von Vorgesetzten verdächtigt oder unter die Lupe genommen werden, weil sie derjenige sein wollen, der in der Firma befördert wird. Auch Schüler sind davon nicht gefeit. Manche Schüler hänseln andere, die akademisch sehr gut sind oder sie mobben Mitschüler, die vom Lehrer bevorzugt werden. Daheim reden Geschwister schlecht übereinander oder sie streiten sich, um von den Eltern Anerkennung und Gunst zu bekommen. Andere tun das, um von den Eltern mehr zu erben.

So war es bei Kain, dem ersten Mörder in der Geschichte der Menschheit. Gott hatte das Opfer von Abel akzeptiert, doch Kain fühlte sich ungerecht behandelt. Seine Eifersucht verzehrte in, bis er seinen Bruder Abel schließlich umbrachte. Kain dürfte von seinen Eltern Adam und Eva genug über Blutopfer gehört haben, um sehr gut darüber Bescheid zu wissen. „[U]nd fast alle Dinge werden mit Blut gereinigt nach dem Gesetz, und ohne Blutvergießen gibt es keine Vergebung." (Hebräer 9,22)

Dennoch brachte er Opfer von der Ernte, die er als Bauer erwirtschaftet hatte. Im Gegensatz dazu hatte Abel ein Opfer von den ersten Schafen gebracht - und zwar von ganzem Herzen, wie es Gottes Willen entsprach. Mancher mag sagen, es sei für Abel nicht schwer gewesen, ein Lamm zu bringen, da er Hirte war. Doch kein Opfer ist je leicht. Er hatte den Willen Gottes von seinen Eltern beigebracht bekommen und er wollte Seinem

Willen folgen. Aus diesem Grund akzeptiert Gott nur Abels Opfer. Kain war auf seinen Bruder eifersüchtig, anstatt dass ihm sein eigener Fehler Leid tat. Sobald die Eifersucht in seinem Herzen auflodterte, konnte sie nicht mehr gelöscht werden und am Ende tötete er seinen eigenen Bruder. Wie sehr muss das Adam und Eva wehgetan haben!

Eifersucht zwischen Glaubensbrüdern

Manche Gläubige sind auf ihre Brüder und Schwestern im Glauben eifersüchtig, wenn sie ihnen voraus sind - egal, ob in ihrer Position, ihrem Glauben oder ihrer Treue Gott gegenüber. Das passiert normalerweise, wenn der andere etwa so alt ist, eine ähnliche Position hat oder ungefähr genauso lange gerettet ist oder wenn man die Person gut kennt.

In Matthäus 19,30 lesen wir: „Aber viele Erste werden Letzte und Letzte Erste sein." Manchmal kommt es vor, dass Leute, die noch nicht so lange gerettet oder jünger sind oder keinen Titel für ein Amt in der Gemeinde haben, uns überholen. Dann kann es sein, dass wir sehr eifersüchtig werden. Doch solch eine Eifersucht gibt es nicht nur unter Gläubigen in einer Gemeinde, sondern sie existiert auch zwischen Pastoren und Gemeindemitgliedern, zwischen Kirchen oder verschiedenen christlichen Organisationen. Wenn jemand Gott die Ehre gibt, sollten sich alle zusammen freuen. Doch stattdessen reden sie schlecht über ihre Mitmenschen, um ihren persönlichen Ruf oder den der Organisation in den Schmutz zu ziehen - als wären diese Leute Ketzer. Wie geht es den Eltern, wenn sie sehen, wie ihre Kinder sich streiten und einander hassen? Selbst wenn sie Essen und gute Dinge bekommen, sind sie nicht glücklich. Wenn Gläubige, die allesamt Kinder Gottes sind, gegeneinander kämpfen und sich streiten oder wenn Gemeinden aufeinander eifersüchtig sind, betrübt das den Herrn umso mehr.

Sauls Eifersucht auf David

Saul war der erste König von Israel. Er verschwendete sein Leben damit, auf David eifersüchtig zu sein. Für Saul war David wie ein edler Ritter, der sein Land rettete. Als die Kampfmoral der Soldaten wegen der Einschüchterung durch den Philister Goliat am Boden war, stieg David wie ein Komet auf und streckte den Philister mit einer einfachen Schleuder nieder. Dies allein reichte für den Sieg der Israeliten. Anschließend machte sich David mehrfach verdient bei der Verteidigung des Landes gegen die Angriffe der Philister. Da entstand das Problem zwischen Saul und David. Saul hörte etwas, was ihn zutiefst beunruhigte, als die Menschenmenge David bei seiner Heimkehr nach seiner siegreichen Schlacht begrüßte. Er hörte Folgendes: „Saul hat seine Tausende erschlagen und David seine Zehntausende." (1. Samuel 18,7)

Damit fühlte Saul sich unbehaglich und dachte: „Wie können sie mich mit David vergleichen? Er ist doch bloß ein Hirtenjunge!"

Sein Zorn eskalierte, weil er nicht aufhörte, über diese Bemerkung nachzudenken. Seiner Meinung nach war es nicht recht, dass die Menschen David so hoch lobten und von dem Zeitpunkt an, kam Saul alles, was David tat, verdächtig vor. Er bildete sich wahrscheinlich ein, David wollte die Herzen der Menschen gewinnen. So war der Zorn von Saul ganz auf David ausgerichtet. Er meinte: „Wenn David die Herzen der Menschen schon eingenommen hat, ist eine Rebellion nur eine Frage der Zeit!"

Da sich seine Gedanken immer mehr hochschaukelten, suchte Saul nach einer Möglichkeit, David zu töten. Damals litt Saul unter dem Einfluss eines bösen Geistes, weshalb David die Harfe für ihn spielte. Saul nahm die Gelegenheit wahr, um einen Speer in Richtung David zu werfen. Glücklicherweise wich David dem aus. Doch Saul gab seinen Plan, David zu töten, nicht auf. Er verfolgte David mit seiner Armee.

Doch in Anbetracht all dessen hegte David nicht den Wunsch, Saul (dem von Gott gesalbten König) Schaden zuzufügen - eine Tatsache, der sich König Saul sehr wohl bewusst war. Allerdings kühlte sich die heiß lodernde Flamme von Sauls Eifersucht nicht ab. Er litt ständig unter beunruhigenden Gedanken, die von seiner Eifersucht herrührten. Bis zu dem Tag, an dem er im Kampf gegen die Philister getötet wurde, fand Saul keine Ruhe, denn er war auf David eifersüchtig.

Diejenigen, die auf Mose eifersüchtig waren

In 4. Mose 16 lesen etwas über Korach, Datan und Abiram. Korach war ein Levit, Datan und Abiram waren vom Stamm Reuben. Sie hegten einen Groll gegen Mose und seinen Bruder und Helfer Aaron. Sie ärgerten sich mächtig über die Tatsache, dass Mose in Ägypten ein Prinz war und jetzt über sie herrschte, obwohl er früher Flüchtling und dann in der Wüste von Midian für lange Zeit Hirte gewesen war. Auf der anderen Seite wollten sie selber Führungspositionen haben. Sie taten sich mit Leuten zusammen, um eine Gruppe zu bilden.

Korach, Datan und Abiram suchten sich zweihundertfünfzig

Männer, die sich ihnen anschlossen, und meinten, sie würden Macht bekommen. Sie gingen zu Mose und Aaron und stritten mit ihnen. Sie sagten: „Genug mit euch! Denn die ganze Gemeinde, sie alle sind heilig, und der HERR ist in ihrer Mitte. Warum erhebt ihr euch über die Versammlung des HERRN?" (4. Mose 16,3)

Obwohl sie sich gegenüber Mose nicht zurückhielten, wehrte sich Mose nicht. Er kniete einfach im Gebet vor Gott nieder, versuchte, sie erkennen zu lassen, dass sie einen Fehler gemacht hatten und betete zu Gott in Bezug auf sein Gericht. Damals war Gott sehr zornig auf Korach, Abiram und Datan - und alle, die sich ihnen angeschlossen hatten. Die Erde öffnete sich und Korach, Datan und Abiram, sowie ihre Ehefrauen und Söhne und kleinen Kinder fuhren lebendig in die Hölle. Auch ging Feuer von Gott aus und verzehrte die zweihundertfünfzig Männer, die unerlaubterweise Weihrauchopfer gebracht hatten.

Mose tat den Menschen nichts zuleide (4. Mose 16,15). Vielmehr gab er sein Bestes, um ihnen als Leiter zu dienen. Er bewies im Laufe der Zeit mehrfach durch die Zeichen und Wunder, die geschahen, dass Gott beim Volk war. Er zeigte ihnen die zehn Plagen in Ägypten. Er war ihr Anführer bei der Teilung und Überquerung des Schilfmeeres (trockenen Fußes!); er gab ihnen Wasser aus dem Felsen und ließ sie in der Wüste Manna und Wachteln essen. Doch selbst da redeten sie schlecht über ihn, widersetzten sich ihm und behaupteten, er würde sich über sie erheben.

Gott ließ das Volk auch sehen, was für eine große Sünde es war, auf Mose eifersüchtig zu sein. Einen von Gott eingesetzten Mann zu verurteilen und zu verdammen, war genauso, als hätten sie Gott selbst verdammt. Darum dürfen wir andere Gemeinden oder Organisationen nicht unbedacht kritisieren und behaupten, sie lägen falsch oder seien ketzerisch, wenn diese im Namen des Herrn geleitet werden. Da wir in Gott alle Brüder und Schwestern sind, ist Eifersucht in Gottes Augen eine große Sünde.

Eifersucht wegen unbedeutender Dinge

Können wir das, was wir wollen, bekommen, wenn wir einfach eifersüchtig sind? Nein, keinesfalls! Wir schaffen es damit vielleicht, andere Personen in schwierige Situationen zu bringen und es mag sogar so aussehen, als würden wir vorankommen, aber so wir können nicht alles bekommen, was wir wollen. In Jakobus 4,2 heißt es: „Ihr begehrt und habt nichts; ihr tötet und neidet und könnt nichts erlangen; ihr streitet und führt Krieg. Ihr habt nichts, weil ihr nicht bittet."

Anstatt eifersüchtig zu sein, sinne über das nach, was in Hiob 4,8 steht: „So wie ich es gesehen habe: Die Unheil pflügen und Mühsal säen, die ernten es." Das Böse, was jemand tut, wird wie ein Bumerang zurückkommen.

Die Ernte von dem Bösen, welches jemand säht, könnte in Form von Desastern auf dessen Familie oder Arbeitsstelle zurückkommen. In Sprüche 14,30 lesen wir: „Ein gelassenes Herz ist des Leibes Leben, aber Wurmfraß in den Knochen ist die Leidenschaft." Das heißt, Eifersucht schadet dem Eifersüchtigen - und nützt ihm gar nichts. Wenn du also andere überholen willst, bete zu Gott, der alle Macht hat, anstatt deine Energie mit eifersüchtigen Gedanken und Taten zu vergeuden.

Man kann nicht alles haben, um was man bittet. In Jakobus 4,3 steht geschrieben: „[I]hr bittet und empfangt nichts, weil ihr übel bittet, um es in euren Lüsten zu vergeuden." Wenn du um etwas bittest, um es für deine Lüste zu verwenden, kannst du das deshalb nicht bekommen, weil es dem Willen Gottes nicht entspricht. Dennoch bitten viele Leute nur um Dinge, nach denen es ihnen gelüstet, zum Beispiel Reichtum, Ruhm und Macht, damit es ihnen gut geht und weil sie dann stolz darauf sein können. Das macht mich in Bezug auf den Dienst traurig. Der wahre, echte Segen ist nicht in Reichtum, Ruhm und Macht zu finden, sondern in einer Seele, der es gut geht.

Egal, wie viele Dinge du hast und genießt, was nützen sie dir, wenn du nicht errettet bist? Wir dürfen nicht vergessen, dass alles, was es auf der Erde gibt, wie ein Nebel verschwinden wird. In 1. Johannes 2,17 heißt es: „Und die Welt vergeht und ihre Begierde; wer aber den Willen Gottes tut, bleibt in Ewigkeit" und in Prediger 12,8 lesen wir: „Nichtigkeit der Nichtigkeiten!, spricht der Prediger. Alles ist Nichtigkeit!"

Ich hoffe, du wirst nicht auf deine Brüder und Schwestern eifersüchtig, indem du dein Herz an bedeutungslose, weltliche Dinge hängst, sondern dass du ein Herz hast, das vor Gott gerecht ist. Dann gibt dir Gott deine Herzenswünsche und das ewige Königreich der Himmel.

Eifersucht und geistliches Verlangen

Menschen glauben zwar an Gott, werden aber dennoch eifersüchtig, weil sie wenig Glauben und Liebe haben. Wenn es dir an Liebe zu Gott mangelt und du nur wenig Glauben an das Königreich der Himmel hast, könntest du eifersüchtig werden und Reichtum, Ruhm und Macht in dieser Welt haben wollen. Doch wenn du über die Rechte Bescheid weißt, die die Kinder Gottes haben und dein Bürgerrecht im Himmel kennst, dann sind dir deine Brüder und Schwestern in Christus viel wertvoller als deine biologische Familie. Der Grund ist, dass du glaubst, dass du einst für immer mit ihnen im Himmel leben wirst. Selbst Ungläubige, die Jesus Christus nicht angenommen haben, sind kostbar; sie sind diejenigen, die wir zum himmlischen Königreich leiten sollten. Mit solchem Glauben können wir auch unseren Nächsten wie uns selbst lieben, wenn wir echte Liebe in uns kultivieren. Wenn es den anderen dann gut geht, werden wir so froh sein, als wären wir diejenigen, denen es gut geht und die Wohlstand erleben. Leute, die echten Glauben haben, trachten nicht nach den bedeutungslosen Dingen dieser Welt, sondern bemühen sich, dem Herrn eifrig und treu zu dienen, um das himmlische Königreich mit Kraft an sich zu reißen. Anders ausgedrückt: Sie haben Herzenswünsche, die geistlich sind.

„Aber von den Tagen Johannes des Täufers an bis jetzt wird dem Reich der Himmel Gewalt angetan, und Gewalttuende reißen es an sich!" (Matthäus 11,12)

Geistliche Herzenswünsche unterscheiden sich ganz klar von Eifersucht. Es ist wichtig, den Wunsch zu haben, dem Herrn begeistert und treu zu dienen. Aber wenn diese Leidenschaft die Grenze überschreitet und sich von der Wahrheit entfernt oder wenn sie andere zum Straucheln bringt, ist das nicht akzeptabel. Während wir für das Werk des Herrn brennen, sollten wir Obacht geben auf die Bedürfnisse der Menschen um uns herum, nach dem Trachten, was ihnen gut tun würde, und dem Frieden mit allen nacheifern.

4. Liebe tut nicht groß

Es gibt Menschen, die immer über sich prahlen. Ihnen ist es egal, was andere vielleicht empfinden, wenn sie sich großtun. Sie stellen alles, was sie haben zu Schau und wollen dabei die Anerkennung von anderen einheimsen. Josef prahlte als Junge mit seinem Traum. Das sorgte dafür, dass seine Brüder ihn hassten. Da sein Vater ihn besonders lieb hatte, konnte er das Herz seiner Brüder nicht wirklich verstehen. Später wurde er als Sklave nach Ägypten verkauft und machte viele Prüfungen durch. Schließlich entwickelte er dadurch geistliche Liebe. Bevor ein Mensch geistliche Liebe entwickelt, kann es sein, dass er den Frieden stört, weil er herumstolziert und sich selbst erhöht. Darum sagt Gott: „Liebe tut nicht groß."

Einfach ausgedrückt bedeutet „prahlen", dass sich jemand selbst darstellt und angibt. Gewöhnlich wollen Leute anerkannt werden, wenn sie etwas tun oder haben, dass besser ist als das, was andere vorweisen können. Welche Auswirkungen hat derartiges Großtun?

Manche Eltern blasen sich beispielsweise auf und prahlen, weil ihr Kind so gut lernt. Dann freuen sich andere Eltern mit ihnen, aber die meisten fühlen sich dennoch in ihrem Stolz verletzt und es gibt böses Blut. Vielleicht schimpfen sie deshalb ihr Kind ohne Grund aus. Egal wie gut dein Kind in der Schule ist, wenn du auch nur einen Funken von Güte in Bezug auf die Gefühle anderer hast, wirst du nicht so mit deinem Kind angeben. Du wirst wollen, dass das Kind deines Nächsten auch gut lernt und wenn es das tut, machst du ihm deswegen voller Freude Komplimente.

Diejenigen, die prahlen, sind meist auch weniger willig, die gute Arbeit von anderen anzuerkennen und sie dafür zu loben. Gewöhnlich erniedrigen sie andere, weil sie meinen dass sie selbst in dem Maße in den Schatten gestellt werden, in dem andere anerkannt werden. Das ist nur eine Art und Weise, wie Prahlen Probleme verursacht. Wenn ein großtuerisches Herz so handelt, ist es weit entfernt von echter Liebe. Du denkst vielleicht, du würdest anerkannt werden, doch das macht es dir nur noch schwerer, echten Respekt und wahre Liebe zu empfangen. Anstatt, dass die Menschen um dich herum etwas neidisch auf dich sind, ziehst du so nur ihre Verachtung und Eifersucht auf dich. „Nun aber rühmt ihr euch in euren Großtuereien. Alles solches Rühmen ist böse." (Jakobus 4,16)

Der prahlerische Stolz des Lebens kommt von der Liebe der Welt

Warum rühmen sich Menschen? Sie haben den prahlerischen Hochmut des Lebens in sich. Mit dem „Hochmut des Lebens" ist gemeint, dass sie gemäß den Begierden der Welt herumstolzieren. Das kommt von ihrer Liebe für die Welt. Zumeist prahlen Leute über Dinge, die ihrer Meinung nach wichtig sind. Diejenigen, die Geld lieben, prahlen über das Geld, das sie haben. Die, die das äußere Erscheinungsbild für wichtig halten, prahlen damit. Sie stellen also Geld, den äußeren Schein, Ruhm und gesellschaftliche Macht über Gott.

Ein Mitglied unserer Gemeinde hatte ein erfolgreiches Geschäft; er verkaufte Computer an Großunternehmen in Korea und wollte sein Geschäft ausbauen. Dafür nahm er viele Darlehen auf und investierte in eine Internet-Café-Franchise und in Firmen, die im Internet Sendungen ausstrahlen. Er baute ein Unternehmen mit einem Startkapital von 2 Milliarden Won auf; das entspricht ungefähr 1,8 Millionen Euro.

Doch der Umsatz war gering und der Verlust so groß, dass die Firma schließlich kaputt ging. Sein Wohnhaus wurde versteigert und die Gläubiger saßen ihm im Nacken. Er musste in kleinen Häusern, entweder im Keller oder unterm Dach wohnen. Da fing er an, über sich nachzudenken. Ihm wurde klar, dass er geldgierig war und den Wunsch hatte, mit seinem Erfolg anzugeben. Seinen Mitmenschen hatte er das Leben schwer gemacht, als er sein Geschäft über seine eigenen Fähigkeiten hinaus ausbauen wollte.

Als er gründlich und von ganzem Herzen vor Gott Buße tat und seine Gier ablegte, war er sogar froh, dass er einen Job bekam, bei dem er die Abwasserkanalisation und Jauchegrube reinigen musste. Gott betrachtete seine Situation und zeigte ihm, wie er ein neues Geschäft starten konnte. Jetzt lebt er tadellos und sein Unternehmen wächst und gedeiht.

In 1. Johannes 2,15-16 lesen wir: „Liebt nicht die Welt noch was in der Welt ist! Wenn jemand die Welt liebt, ist die Liebe des Vaters nicht in ihm; denn alles, was in der Welt ist, die Begierde des Fleisches und die Begierde der Augen und der Hochmut des Lebens, ist nicht vom Vater, sondern ist von der Welt."

Hiskia, der 13. König vom Südreich Juda, war in Gottes Augen gerecht und er war es auch, der den Tempel reinigte. Er überwand die Invasion der Assyrer durch Gebet. Als er krank wurde, betete er unter Tränen und bekam noch einmal 15 Jahre geschenkt. Dennoch hatte er immer noch prahlerischen Stolz in seinem Leben. Nachdem er sich von seiner Krankheit erholt hatte, schickte Babylon Diplomaten zu ihm.

Hiskia freute sich so, sie willkommen zu heißen, dass er ihnen alle Schätze in seinem Haus zeigte: das Silber und Gold, Gewürze und kostbares Öl, sein ganzes Waffenarsenal und alles, was er sonst noch an wertvollen Dingen hatte. Doch wegen seiner Großtuerei drang Babylon in Juda ein und all seine Schätze wurden ihm genommen (Jesaja 39,1-6). Prahlen kommt von der Liebe für die Welt und zeigt, dass derjenige keine Liebe für Gott hat. Um echte Liebe zu entwickeln, muss man den prahlerischen Hochmut des Lebens aus dem eigenen Herzen verbannen.

Sich im Herrn rühmen

Es gibt eine Art des Rühmens, die gut ist - nämlich sich des Herrn zu rühmen, wie wir in 2. Korinther 10,17 lesen: „Wer sich aber rühmt, rühme sich des Herrn!" Sich „des Herrn zu rühmen" bedeutet, Gott die Ehre zu geben - je mehr, desto besser, beispielsweise, indem man „Zeugnis" gibt.

In Galater 6,14 schreibt Paulus: „Mir aber sei es fern, mich zu rühmen als nur des Kreuzes unseres Herrn Jesus Christus, durch das mir die Welt gekreuzigt ist und ich der Welt."

Wie er es formulierte, rühmen wir uns also Jesu Christi, der uns gerettet und uns das himmlische Königreich gegeben hat. Aufgrund unserer Sünde waren wir zum ewigen Tod bestimmt, doch wegen Jesus, der für unsere Sünden am Kreuz starb, haben wir das ewige Leben bekommen. Dafür sollten wir unendlich dankbar sein!

Darum rühmte sich der Apostel Paulus seiner Schwächen. In 2. Korinther 12,9 lesen wir: „Und [der Herr] hat zu mir gesagt: Meine Gnade genügt dir, denn meine Kraft kommt in Schwachheit zur Vollendung. Sehr gerne will ich mich nun vielmehr meiner Schwachheiten rühmen, damit die Kraft Christi bei mir wohne."

Fakt ist, Paulus wirkte so viele Zeichen und Wunder, so dass man sogar Schweißtücher oder Schurze, die mit ihm in Berührung gekommen waren, auf die Kranken legte, die dadurch geheilt wurden. Er ging auf drei Missionsreisen, führte viele Menschen zum Herrn und gründete Gemeinden in zahlreichen Städten. Dennoch schreibt er, er selbst sei es nicht gewesen, der diese Dinge tat. Er rühmte sich nur der Gnade Gottes und der Kraft des Herrn, die es ihm ermöglicht hatten, all das zu tun.

Heute geben viele Menschen in Versammlungen Zeugnis davon, wie sie dem lebendigen Gott im Alltag begegneten und wie sie Ihn erlebt haben. Sie bringen die Liebe Gottes herüber, wenn sie davon berichten, dass sie von Krankheiten geheilt wurden, finanziellen Segen und Frieden in ihrer Familie erleben durften, als sie Gott ernsthaft suchten und durch ihr Handeln zeigten, dass sie Ihn lieben.

In Sprüche 8,17 heißt es: „Ich liebe, die mich lieben; und die mich suchen, finden mich." So sind diese Menschen dankbar, dass sie die große Liebe Gottes erleben und zu großem Glauben kommen konnten. Das bedeutet, sie haben geistliche Segnungen empfangen. Solches Rühmen im Herrn gibt Gott die Ehre und sät Glauben und Leben in die Herzen anderer Menschen. Wenn sie Zeugnisse geben, legen sie im Himmel Schätze an und ihre Herzenswünsche werden schneller erhört.

Wir müssen allerdings bei einer Sache vorsichtig sein. Manche sagen, sie geben Gott die Ehre, obwohl sie einfach nur bekannt werden und andere Leute wissen lassen wollen, was sie getan haben. Sie geben indirekt vor, sie hätten Segen aufgrund ihrer eigenen Bemühungen empfangen. Es schaut so aus, als würden sie Gott die Ehre geben, aber eigentlich schreiben sie sich alles selbst zu. Satan wird solche Menschen anklagen. Schließlich wird das zutage kommen, wessen sie sich gerühmt haben, vielleicht werden sie auf verschiedene Art und Weise geprüft oder sie wenden sich einfach von Gott ab, wenn ihnen niemand Anerkennung zollt.

In Römer 15,2 heißt es: „Jeder von uns gefalle dem Nächsten zum Guten, zur Erbauung!" Demnach sollten unsere Worte unsere Mitmenschen immer auferbauen und Glauben und Leben in sie säen. So wie Wasser durch Filter gereinigt wird, sollten wir einen Filter für unsere Worte haben, bevor wir sie aussprechen. Wir sollten darüber nachdenken, ob sie den Hörer auferbauen oder seine Gefühle verletzen werden.

Den prahlerischen Stolz des Lebens ablegen

Auch wenn wir noch so viele Dinge haben, derer wir uns rühmen könnten, lebt keiner für ewig auf der Erde. Der Mensch kommt entweder in den Himmel oder in die Hölle. Im Himmel sind sogar die Straßen, auf denen wir gehen, aus Gold und der Reichtum dort kann mit nichts auf der Welt verglichen werden. Somit ist alles Rühmen auf der Erde sinnlos. Und selbst wenn jemand hier viel Reichtum, Ruhm, Wissen und Macht erlangt, kann er sich dieser Dinge rühmen, wenn er in der Hölle landet?

Jesus sagte: „Denn was wird es einem Menschen nützen, wenn er die ganze Welt gewönne, aber sein Leben einbüßte? Oder was wird ein Mensch als Lösegeld geben für sein Leben? Denn der Sohn des Menschen wird kommen in der Herrlichkeit seines Vaters mit seinen Engeln, und dann wird er einem jeden vergelten nach seinem Tun." (Matthäus 16,26-27)

Kein Prahlen auf dieser Welt kann jemals zum ewigen Leben oder zu Zufriedenheit führen. Stattdessen führt es nur zu sinnlosen Wünschen und zur Zerstörung. Wenn uns diese Tatsache klar wird und wir unsere Herzen mit der Hoffnung auf den Himmel füllen, bekommen wir die Kraft, allen prahlerischen Hochmut des Lebens abzulegen. Es ist so wie mit einem Kind. Es kann gerne auf sein altes, wertloses Spielzeug verzichten, wenn es etwas ganz Neues bekommt. Da wir um die strahlende Schönheit im himmlischen Königreich wissen, klammern wir uns nicht an die Dinge dieser Welt und kämpfen auch nicht um sie.

Wenn wir den prahlerischen Hochmut des Lebens abgelegt haben, werden wir uns nur noch Jesu Christi rühmen. Wir haben nicht mehr das Gefühl, als könnte irgendetwas auf der Welt es wert sein, dass wir uns dessen rühmen. Stattdessen werden wir nur noch stolz sein auf die Herrlichkeit, die wir im himmlischen Königreich für ewig genießen werden. Wir werden mit einer Freude erfüllt, die wir bis dahin nicht gekannt haben. Selbst wenn es in unserem Leben einige schwierige Momente gibt, haben wir nicht das Gefühl, als wären sie sehr schwer. Wir werden Gott für Seine Liebe danken, denn Er hat uns Seinen eingeborenen Sohn Jesus gegeben, um uns zu retten. Und darum können wir in allen Situationen voller Freude sein. Wenn wir nicht auf den prahlerischen Hochmut des Lebens aus sind, fühlen wir uns nicht so erhaben, wenn wir gelobt werden und sind nicht entmutigt, wenn man uns rügt. Stattdessen prüfen wir uns noch mehr in Demut, wenn wir gelobt werden und sind einfach dankbar, wenn wir getadelt werden und wir bemühen uns auch, zu ändern.

5. Die Liebe bläht sich nicht auf

Die, die sich ihrer selbst rühmen, meinen schnell, sie seien besser als andere und werden arrogant. Wenn es bei ihnen gut läuft, glauben sie, es läge daran, dass sie ihre Arbeit gut gemacht haben und so werden sie eingebildet oder faul. Die Bibel sagt, dass eines der Dinge, die Gott am meisten hast, Arroganz ist. Arroganz war der Hauptgrund, warum die Menschen den Turm von Babel bauten; sie wollten mit Gott konkurrieren. Das Ganze führte dazu, dass Gott die Sprache verwirrte.

Eigenschaften arroganter Menschen

Ein arroganter Mensch meint, andere seien nicht besser als er; er verachtet sie oder schätzt sie gering. So jemand hat das Gefühl, er sei anderen Menschen in allen Bereichen überlegen. Er denkt, er sei der Beste. Er schmäht andere, schaut auf sie herunter und versucht immer, ihnen etwas beizubringen. Er zeigt seine arrogante Einstellung leicht gegenüber anderen, die seiner Meinung nach weniger wert sind. Bisweilen verachtet er in seiner exzessiven Arroganz auch die, die ihn unterwiesen und angeleitet haben und die im Geschäftsleben oder in der sozialen Hierarchie über ihm stehen. Er ist nicht bereit, auf Rat, Tadel oder Zuspruch von Leuten zu hören, die einen höheren Rang haben. Er beschwert sich und meint: „Mein Vorgesetzter sagte das nur, weil er keine Ahnung hat, worum es geht" oder „Ich weiß alles und ich kann das sehr gut tun."

So jemand diskutiert und streitet viel mit anderen. In Sprüche

13,10 heißt es: „Durch Übermut gibt es nur Zank; bei denen aber, die sich raten lassen, Weisheit."

Und in 2. Timotheus 2,23 steht: „Aber die törichten und ungereimten Streitfragen weise ab, da du weißt, dass sie Streitigkeiten erzeugen!" Darum ist es so töricht und falsch zu denken, du allein hättest recht.

Das Wissen und Gewissen aller Menschen unterscheidet sich, denn jeder einzelne Mensch hat etwas anderes gesehen, gehört, erlebt und beigebracht bekommen. Doch viel von dem, was jemand weiß, ist falsch und manches Wissen ist falsch gespeichert worden. Wenn solches Wissen in uns verhärtet ist und schon lange existiert, kommt es zu Selbstgerechtigkeit und zur Bildung von Gedankengebäuden. Selbstgerechtigkeit bedeutet, dass jemand darauf besteht, dass allein seine Meinung die richtige ist und das führt zu einem festgefahrenen Gedankenmuster. Manche Leute bauen ihre Gedankenmuster mit ihrer Persönlichkeit oder mit dem Wissen, dass sie haben, auf.

Dieses Gedankenmuster ist wie das menschliche Skelett. Auf ihm basiert die Gestalt der Person und wenn es einmal entstanden ist, ist es schwierig, es zu zerbrechen. Die Gedanken der meisten Menschen kommen aus Selbstgerechtigkeit und solchen Gedankenmustern. Jemand, der sich minderwertig fühlt, reagiert sehr sensibel, wenn jemand anklagend mit dem Finger auf ihn zeigt. Es gibt einen Spruch: Wenn ein Reicher seine Kleidung zurechtzieht, meinen die anderen, er wolle nur seine Sachen zur Schau stellen. Wenn jemand etwas Schwieriges sagt oder andere Wörter benutzt, meinen die Leute, er wolle sich mit seinem Wissen brüsten und er schaue nur auf andere herab.

Von meiner Grundschullehrerin lernte ich, dass die Freiheitsstatue in San Francisco steht. Ich erinnere mich noch ganz genau daran, wie sie mir das anhand eines Fotos und einer Landkarte der Vereinigten Staaten beibrachte. In den 1990er Jahren reiste ich in die USA, um bei einer großen Erweckungsveranstaltung zu dienen. Erst da erfuhr ich, dass die Freiheitsstatue in New York City steht.

Meines Erachtens sollte sie in San Francisco stehen und ich konnte nicht begreifen, dass sie sich in New York City befand. Ich fragte bei den Leuten um mich herum nach und sie alle sagten, dass sie wirklich in New York steht. Da wurde mir klar, dass das, was ich geglaubt hatte, nicht korrekt war. In dem Augenblick kam mir der Gedanke, dass andere Dinge, die ich für wahr halte, auch falsch sein könnten. Viele Menschen glauben an Dinge und halten an ihnen fest, obwohl sie nicht korrekt sind.

Selbst, wenn sie falsch liegen, werden arrogante Leute das nicht zugeben, sondern an ihrer Meinung festhalten, was zu Streit führen wird. Diejenigen, die demütig sind, werden selbst dann nicht streiten, wenn der andere falsch liegt. Auch wenn sie hundert Prozent sicher sind, dass sie Recht haben, denken sie, sie könnten falsch lieben, denn sie haben nicht die Absicht, eine Diskussion mit anderen zu gewinnen.

Ein demütiges Herz hat geistliche Liebe, die andere Menschen mehr wertschätzt. Selbst wenn diese Leute weniger Glück gehabt haben, weniger gebildet sind oder weniger Macht in der Gesellschaft haben, stufen wir unsere Mitmenschen von ganzem Herzen höher ein als uns selbst, wenn wir eine demütige Einstellung haben. Dann werden wir auch alle Seelen als sehr kostbar ansehen, denn sie waren es Jesus so viel wert, dass Er Sein

Blut für sie vergoss.

Fleischliche und geistliche Arroganz

Wenn jemandes äußerliches Handeln zeigt, wie er sich brüstet, herumstolziert und auf andere herabschaut, ist das leicht als Arroganz zu bewerten. Wenn wir den Herrn annehmen und die Wahrheit erkennen, können wir uns solcher Attribute fleischlicher Arroganz leicht entledigen. Im Gegensatz dazu ist es nicht leicht, geistliche Arroganz zu erkennen und abzulegen. Was ist „geistliche Arroganz"?

Wenn wir für geraume Zeit in eine Gemeinde gehen, erlangen wir viel Wissen aus dem Wort Gottes. Vielleicht hast du einen Titel oder ein Amt in der Gemeinde bekommen oder wurdest zu einem der Leiter gewählt. Dann hast du eventuell das Gefühl, du hättest genug Wissen aus dem Wort Gottes in deinem Herzen gespeichert und meinst: „Ich habe so viel erreicht. Ich muss in Bezug auf die meisten Dinge recht haben!" Vielleicht tadelst, richtest oder verdammst du andere mit dem Wort Gottes, dass du abgespeichert hast, und meinst, du trennst wahrheitsgemäß Recht von Unrecht. Manche Gemeindeleiter sind auf ihren eigenen Nutzen aus und brechen die Regeln und Ordnungen, die sie einhalten sollen. Die verstoßen mit ihrem Handeln definitiv gegen die Ordnung der Gemeinde, denken aber: „Das ist für mich okay, weil ich diese Position innehabe. Ich bin eine Ausnahme." Eine solch eingebildete Gesinnung ist von geistlicher Arroganz geprägt.

Wenn wir unsere Liebe für Gott bekennen, aber das Gesetz und die Ordnungen Gottes mit überheblichem Herzen ignorieren, ist unser Bekenntnis nicht wahr. Wenn wir andere richten und verurteilen, können wir nicht sagen, dass wir echte Liebe haben. Die Wahrheit lehrt uns, dass wir nur auf die guten Eigenschaften anderer Menschen schauen und darüber reden sollten.

Redet nicht schlecht übereinander, Brüder! Wer über einen Bruder schlecht redet oder seinen Bruder richtet, redet schlecht über das Gesetz und richtet das Gesetz. Wenn du aber das Gesetz richtest, so bist du nicht ein Täter des Gesetzes, sondern ein Richter. (Jakobus 4,11)

Was empfindest du, wenn du die Schwächen anderer Menschen herausfindest?

Jack Kornfield schreibt in seinem Buch „The Art of Forgiveness, Lovingkindness, and Peace," (zu Deutsch: Die Kunst des Vergebens, der Güte und des Friedens) über eine andere Art des Umgehens mit ungeschicktem Handeln.

„Im südafrikanischen Stamm der Babemba wird jemand, der verantwortungslos oder ungerecht handelt, in die Mitte des Dorfes gestellt, allein und ohne Ketten. Alle Arbeit wird eingestellt und alle Männer, Frauen und Kinder des Dorfes bilden einen großen Kreis um den Angeklagten. Dann spricht ein Stammesmitglied nach dem anderen zu dem Angeklagten, wobei er oder sie alle Anwesenden an gute Dinge über die Person in der Mitte des Kreises erinnert, die der Angeklagte in seinem Leben getan hat. Alle Vorkommnisse und Erlebnisse, an das sich jemand im Detail und genau erinnern kann, werden erzählt. All seine positiven Eigenschaften, guten Taten, Stärken und seine Freundlichkeit werden sorgfältig und ausführlich weitergegeben. Diese Zeremonien des Stammes gehen oft tagelang. Am Ende wird der Kreis geöffnet und ein frohes Fest wird gefeiert und der Betroffene wird symbolisch und buchstäblich wieder im Stamm willkommen geheißen."

Durch diesen Prozess erlangen die Menschen, die etwas falsch gemacht haben, ihr Selbstwertgefühl wieder und entscheiden sich, wieder zum Stamm beizutragen. Dank dieses einzigartigen Gerichtsprozesses soll es in dieser Gesellschaft kaum Verbrechen geben.

Wenn wir bei anderen Fehler sehen, können wir zunächst darüber nachdenken, ob wir sie verurteilen und richten wollen oder ob wir ein ihnen doch lieber mit Barmherzigkeit und Mitgefühl begegnen. So können wir auch prüfen, inwieweit wir Demut und Liebe entwickelt haben. Wenn wir uns regelmäßig selbst prüfen, sollten wir uns mit dem, was wir schon erreicht haben, nicht zufrieden geben, nur weil wir schon länger gläubig sind.

Bevor jemand vollkommen geheiligt wird, ist er von Natur aus so veranlagt, dass er der Arroganz Raum zum Wachsen gibt. Darum ist es so wichtig, die Wurzeln der arroganten Natur herauszureißen. Sie kann jederzeit erneut in Erscheinung treten, wenn wir sie nicht durch eifriges Gebet entfernen. Das ist so, wie wenn man Unkraut nur abschneidet. Es wächst weiter, es sei denn, es wird vollkommen herausgerissen. Wenn also die sündige Natur nicht vollkommen aus dem Herzen verbannt wird, kehrt die Arroganz zurück, obwohl derjenige schon lange ein Leben im Glauben führt. So sollten wir uns ständig wie Kinder vor dem Herrn demütigen, andere Menschen als die Besseren betrachten und ständig danach trachten, geistliche Liebe zu kultivieren.

Arrogante Menschen glauben an sich selbst

Nebukadnezar öffnete die Goldene Ära für das Große Babylon. Eines der Sieben Weltwunder, die Hängende Gärten, wurden damals angelegt. Er war stolz, dass sein Königreich und all diese großartigen Dinge durch seine große Macht entstanden. Er ließ eine Statue von sich selbst bauen und die Menschen mussten sie anbeten. Dazu heißt es in Daniel 4,27: „[D]er König ... sagte: Ist das nicht das große Babel, das ich durch die Stärke meiner Macht und zur Ehre meiner Herrlichkeit zum königlichen Wohnsitz erbaut habe?"

Am Ende zeigte ihm Gott, wer auf der Welt wirklich die Macht hat (Daniel 4,29-30). Er wurde aus seinem Palast vertrieben, fraß Gras wie Kühe und lebte sieben Jahre lang wie ein wildes Tier. Wieviel nützte ihm sein Thron in jener Zeit? Wir können nichts gewinnen, wenn Gott es nicht erlaubt. Nebukadnezar kam nach sieben Jahren zur Besinnung. Ihm wurde seine Arroganz bewusst und er erkannte Gott an. In Daniel 4,34 heißt es: „Nun rühme ich, Nebukadnezar, und erhebe und verherrliche den König des Himmels, dessen Werke allesamt Wahrheit und dessen Wege Recht sind und der die erniedrigen kann, die in Stolz einhergehen."

Da ging es nicht nur um Nebukadnezar. Es gibt auf dieser Welt

Ungläubige, die sagen: „Ich glaube an mich selbst." Doch sie können die Welt nicht leicht überwinden. Es gibt auf der Welt viele Probleme, die nicht mit menschlichen Fähigkeiten gelöst werden können. Selbst modernste wissenschaftliche Erkenntnisse und hochmoderne Technologie sind angesichts von Naturkatastrophen wie zum Beispiel bei Taifunen, Erdbeben oder anderen unerwarteten Unglücken nutzlos.

Und wie viele Krankheiten können selbst mit moderner Medizin nicht geheilt werden? Dennoch verlassen sich viele Leute lieber auf sich selbst als auf Gott, wenn sie ein Problem haben. Sie stützen sich auf ihre Gedanken, Erfahrungen und Kenntnisse. Wenn sie damit dann nicht erfolgreich sind und ihr Problem immer noch da ist, fangen sie an, sich über Gott zu beschweren, obwohl sie gar nicht an Ihn glauben. Der Grund dafür ist die Arroganz, die in ihrem Herzen wohnt. Wegen dieser Arroganz bekennen sie ihre Schwächen nicht und erkennen Gott nicht demütig an.

Noch bedauernswerter ist die Tatsache, dass Menschen, die an Gott glauben, sich auf die Welt und sich selbst verlassen, anstatt auf Gott. Er will, dass es Seinen Kindern gut geht und dass sie sich im Leben von Ihm helfen lassen. Doch wenn sich jemand wegen seiner Arroganz nicht vor Gott demütigen will, kann Gott ihm nicht helfen. Dann kann er nicht vor dem Feind beschützt werden und nichts ihm gelingt. So hat es Gott in Sprüche 18,12 formuliert: „Vor dem Sturz will das Herz des Mannes hoch hinaus, aber der Ehre geht Demut voraus." Das, was zu Versagen und zur Zerstörung führt, ist nichts anderes als die Arroganz der betreffenden Person.

Gott bezeichnet arrogante Menschen als Toren. Wie groß ist

denn der Mensch verglichen mit Gott, der Seinen Thron im Himmel aufgestellt und sich die Erde zum Schemel gemacht hat? Alle Menschen wurden im Ebenbild Gottes geschaffen und wir sind als Seine Kinder gleichgestellt, egal, ob wir eine hohe oder niedrige Position innehaben. Egal, wie vieler Dinge wir uns auf der Erde rühmen können, dauert das Leben auf der Welt nur einen Augenblick. Wenn dieses kurze Leben zu Ende geht, kommt jeder vor Gottes Richterstuhl und wird im Himmel gemäß dem, was er auf Erden in Demut getan hat, erhöht werden. Der Grund ist, dass der Herr uns erhöhen will, wie wir in Jakobus 4,10 lesen: „Demütigt euch vor dem Herrn! Und er wird euch erhöhen."

Wenn Wasser in einer kleinen Pfütze bleibt, stockt und verwest es und es kommen Würmer. Wenn das Wasser dagegen einen Berg hinabfließt, kommt es am Ende im Meer an und bringt viel Leben. So wollen wir uns auch demütigen, damit wir in Gottes Augen groß werden.

Die Eigenschaften geistlicher Liebe I	1. Sie ist langmütig 2. Sie ist gütig 3. Sie neidet nicht (ist nicht eifersüchtig) 4. Sie tut nicht groß 5. Sie bläht sich nicht auf

6. Die Liebe benimmt sich nicht unanständig

Manieren oder Anstandsregeln beschreiben, wie man sich in der Gesellschaft korrekt verhält - also wie wir uns gegenüber unseren Mitmenschen benehmen. Je nach Kulturkreis unterscheiden sich diese Regeln in unserem Alltag stark. Das betrifft beispielsweise, wie wir uns unterhalten, wie wir essen oder uns an öffentlichen Orten wie im Theater verhalten.

Gute Manieren sind ein wichtiger Teil unseres Lebens. Sozial akzeptable Verhaltensweisen, die je nach Ort und Gelegenheit passend sind, hinterlassen gewöhnlich bei anderen einen guten Eindruck. Wenn wir uns aber nicht richtig verhalten und die grundlegenden Regeln ignorieren, kann das bei unseren Mitmenschen zu Unbehagen führen. Oder wenn wir sagen, wir lieben jemanden, uns aber dieser Person gegenüber unpassend oder unziemlich verhalten, fällt es demjenigen schwer zu glauben, dass wir ihn wirklich lieben.

Im englischen Wörterbuch Merriam-Webster wird „unziemlich" so definiert: „nicht im Einklang mit den Standards, die der jeweiligen Position im Leben entsprechen." Auch hier gibt es viele verschiedene kulturspezifische Benimmregeln im Alltag, beispielsweise wie man jemanden begrüßt oder sich unterhält. Es überrascht, wenn vielen Leuten gar nicht auffällt, dass sie sich unziemlich oder gar unhöflich verhalten haben. Es fällt uns sogar leichter, uns gegenüber denen, die uns nahe stehen, unpassend zu verhalten. Der Grund ist, dass wenn wir uns in der Gegenwart von anderen wohl fühlen, wir dazu neigen, unhöflich zu sein oder uns nicht an die normalen Anstandsregeln zu verhalten.

Doch wenn wir wahre Liebe haben, verhalten wir uns nie unziemlich. Stell dir vor, du hättest einen sehr schönen und kostbaren Edelstein. Würdest du achtlos damit umgehen? Nein, du würdest ihn sehr vorsichtig und achtsam behandeln, um ihn nicht kaputt zu machen, zu beschädigen oder zu verlieren. Ebenso gilt: Wenn du jemanden wirklich liebst, wie viel mehr solltest du ihn dann als etwas ganz Kostbares behandeln?

Es gibt zwei Szenarien, in denen man sich unziemlich verhalten kann: Unanständigkeit gegenüber Gott und Unanständigkeit gegenüber Menschen.

Unanständiges Benehmen gegenüber Gott

Selbst bei Leuten, die an Gott glauben und die sagen, dass sie Ihn lieben, können wir sehen, wie weit sie davon entfernt sind, Gott zu lieben, wenn wir ihr Handeln betrachten und ihre Worte hören. Beispielsweise ist es eine der schlimmsten Formen von Unhöflichkeit gegenüber Gott, im Gottesdienst einzunicken.

Im Gottesdienst einzuschlafen ist so, als würde man in der Gegenwart Gottes selbst einnicken. Es wäre ziemlich unhöflich, vor dem Präsidenten deines Landes oder dem Chef einer Firma einzuschlafen. Wie viel unhöflicher ist es dann, vor Gott einzunicken? Da ist es zweifelhaft, dass du weiterhin sagen kannst, du würdest Gott noch lieben. Oder stell dir vor, du triffst dich mit einem geliebten Menschen und dann schläfst du vor ihm ein. Wie kannst du sagen, du würdest diese Person lieben?

Wenn du dich im Gottesdienst mit deinem Nachbar unterhältst oder mit offenen Augen träumst, ziemt sich das nicht. Ein solches Benehmen deutet darauf hin, dass es dem Gläubigen an Respekt und Liebe für Gott fehlt.

Ein derartiges Verhalten beeinflusst auch den Prediger. Stell dir vor, ein Gläubiger spricht mit seinem Nachbarn, träumt vor sich hin oder nickt ein. Dann fragt sich der Prediger, ob seine Botschaft nicht gut genug ist. Vielleicht verliert er dann die Inspiration des Heiligen Geistes, so dass er nicht in der Lage ist, in der Fülle des Geistes zu predigen. All dies gereicht schließlich auch anderen Gläubigen zum Nachteil.

Das Gleiche gilt, wenn jemand den Gemeindesaal mitten im Gottesdienst verlässt. Natürlich gibt es ein paar freiwillige Helfer, die nach draußen gehen müssen, um ihren Pflichten nachgehen. Nur in seltenen Ausnahmen ist es in Ordnung, den Gottesdienst vor dem tatsächlichen Ende zu verlassen. Manche denken: „Wir wollten uns nur die Botschaft anhören" und gehen kurz vor dem Ende. Aber auch das ist unziemliches Verhalten.

Einen Gottesdienst aus der heutigen Zeit kann man mit dem Darbringen von Brandopfern im Alten Testament vergleichen. Wenn jemand sein Brandopfer brachte, musste das Tier geteilt werden und anschließend wurden alle Teile verbrannt (3. Mose 1,9).

Im heutigen Sinne bedeutet diese, dass wir den ganzen Gottesdienst lang da sein müssen, von Anfang bis Ende gemäß dem förmlichen Ablauf. Wir müssen über den gesamten Verlauf des Gottesdienstes mit ganzem Herzen dabei sein, angefangen beim stillen Gebet bis zum abschließenden Segen oder dem Vaterunser. Wenn wir Loblieder singen oder beten, während das Opfer eingesammelt wird und sogar bei den Ankündigungen, müssen wir unser ganzes Herz geben. Ob bei offiziellen Gottesdiensten, Gebetstreffen, Lobpreisveranstaltungen oder in

Zellgruppen - wir müssen immer mit ganzem Herzen dabei sein. Um Gott von ganzem Herzen anbeten zu können, sollten wir nicht zu spät zum Gottesdienst kommen. Es gehört sich nicht, zu einem Termin mit einer anderen Person zu spät zu kommen. Wie viel weniger gehört es sich, zu einem Termin mit Gott zu spät zu kommen? Gott wartet immer am Versammlungsort, um unsere Anbetung zu empfangen.

Darum sollten wir nicht erst unmittelbar vor dem Beginn des Gottesdienstes eintreffen. Zum guten Benehmen gehört es, früher zu kommen und Bußgebete zu sprechen und sich auf den Gottesdienst vorzubereiten. Darüber hinaus gehört es sich nicht, das Handy zu benutzen oder kleinen Kindern während des Gottesdienstes zu erlauben, herumzurennen und zu spielen. Im Gottesdienst Kaugummi zu kauen oder zu essen, zählt ebenso als ungezogen.

Wie man im Gottesdienst auftritt, ist auch wichtig. Normalerweise ist es nicht in Ordnung, mit Sachen zum Gottesdienst zu kommen, die man sonst zu Hause oder auf der Arbeit trägt. Der Grund dafür ist, dass man mit seiner Kleidung anderen gegenüber Ehrfurcht und Respekt kommuniziert. Kinder Gottes, die wirklich an Ihn glauben, wissen, wie kostbar Er ist. Wenn sie in den Gottesdienst kommen, tragen sie die sauberste Kleidung, die sie haben.

Da gibt es natürlich auch Ausnahmen. Zum Gottesdienst am Mittwochabend oder zur Gebetsnacht am Freitag kommen zahlreiche Leute direkt von der Arbeit. Sie wollen pünktlich sein und so kommen viele von ihnen in ihrer Arbeitskleidung. In solchen Fällen sagt Gott nicht, dass sie unhöflich sind, sondern Er freut sich, denn Er empfängt das liebliche Aroma ihres Herzens, weil sie versuchen, rechtzeitig zum Gottesdienst zu kommen, auch wenn sie berufstätig und damit sehr beschäftigt sind.

Gott wünscht sich eine liebevolle Gemeinschaft mit uns - durch den Besuch von Gottesdiensten und durch Gebet. Diese Pflichten müssen Kinder Gottes erledigen, besonders das Gebet - also eine Konversation mit Gott. Wenn Leute beten, ist es manchmal so, dass jemand sie antippt, damit sie aufhören, weil es eine Notsituation gibt.

Das ist so als würde man Menschen unterbrechen, während sie sich mit älteren Personen unterhalten. Wenn du betest und dann die Augen aufmachst und sofort aufhörst zu beten, nur weil dich jemand ruft, zählt das als unanständiges Verhalten. Vielmehr solltest du dein Gebet zu Ende sprechen und dann erst reagieren.

Wenn wir unsere Anbetung und unsere Gebete im Geist und in der Wahrheit darbringen, segnet und beschenkt uns Gott. Und Er erhört unsere Gebete schneller, weil Er den Duft unseres Herzens voller Freude wahrnimmt. Wenn wir aber ein, zwei Jahre oder noch länger unanständiges Verhalten anhäufen, schafft das eine Mauer der Sünde vor Gott. Das gleiche gilt sowohl für die Beziehung zwischen einem Mann und seiner Frau oder zwischen Eltern und Kinder, als auch für die zu Gott. Wenn wir eine Mauer zwischen uns und Gott aufrichten, können wir nicht vor Krankheiten oder Unfällen geschützt werden und müssen uns mit verschiedenen Problemen herumschlagen. Dann erleben wir vielleicht auch keine Gebetserhörungen, selbst wenn wir lange beten. Doch wenn wir in der Anbetung und im Gebet die richtige Einstellung haben, können wir viele verschiedene Arten von Problemen lösen.

Die Gemeinde ist das heilige Haus Gottes

Die Gemeinde ist der Ort, an dem Gott wohnt. Psalm 11,4 sagt: „Der HERR ist in seinem heiligen Palast, der HERR - in den Himmeln ist sein Thron."

Zur Zeit des Alten Testaments konnte nicht jeder in das Heilige gehen. Nur die Priester durften hinein und selbst der Hohepriester konnte nur einmal im Jahr ins Allerheiligste hinter dem Heiligen gehen. Heute darf dank der Gnade unseres Herrn jeder ins Heiligtum treten und Ihn anbeten, weil Jesus uns mit Seinem Blut von unseren Sünden erlöst hat. In Hebräer 10,19 heißt es: „Da wir nun, Brüder, durch das Blut Jesu Freimütigkeit haben zum Eintritt in das Heiligtum."

Mit „Heiligtum" ist nicht nur der Ort gemeint, an dem wir anbeten, sondern alle Räume auf dem Kirchengelände, einschließlich des Gartens und anderer Anlagen. Wenn wir also in die Gemeinde kommen, sollten wir mit Bedacht reden und handeln. Wir dürfen im Heiligtum nicht zornig werden oder uns streiten oder über weltliche beziehungsweise geschäftliche Angelegenheiten reden. Das gilt auch für die Handhabung von heiligen Dingen in der Gemeinde; wir dürfen sie nicht achtlos handhaben, beschädigen, kaputtmachen oder verschwenden.

Beispielsweise ist es nicht akzeptabel, in der Gemeinde Dinge zu kaufen oder zu verkaufen. Im Zuge der Entwicklung des Internets kann man überall einkaufen und manche Leute tun das auf dem Gemeindegelände; sie nehmen dort auch die Artikel in Empfang. Dabei handelt es sich um eine geschäftliche Transaktion. Wir dürfen nicht vergessen, dass Jesus die Tische der Geldwechsler umstieß und die vertrieb, die Tiere für die Opfer verkauften. Jesus akzeptierte nicht, dass Tiere im Tempel verkauft wurden, auch wenn sie als Opfer gedacht waren. Darum dürfen wir in der Gemeinde nichts kaufen oder verkaufen, was wir für unseren persönlichen Bedarf brauchen. Das gilt auch für einen Basar im Gemeindegarten.

Alle Bereiche der Gemeinde sollten dafür abgesondert sein, Gott anzubeten und mit unseren Brüdern und Schwestern im Herrn Gemeinschaft zu haben. Wenn wir beten und uns oft in der Gemeinde treffen, sollten wir darauf achten, dass wir die Heiligkeit der Gemeinde nicht auf die leichte Schulter nehmen. Wenn wir die Gemeinde lieben, werden wir uns dort nicht unanständig verhalten. Dazu lesen wir in Psalm 84,11: „Denn ein Tag in deinen Vorhöfen ist besser als sonst tausend. Ich will lieber an der Schwelle stehen im Haus meines Gottes als wohnen in den Zelten des Unrechts."

Unanständiges Benehmen gegenüber anderen Menschen

In der Bibel steht, dass der, der seinen Bruder nicht liebt, auch Gott nicht lieben kann. Wenn wir uns gegenüber Menschen, die wir sehen können, unanständig verhalten, wie können wir dann Gott, der nicht sichtbar ist, Respekt zollen?

> *„Wenn jemand sagt: Ich liebe Gott, und hasst seinen Bruder, ist er ein Lügner. Denn wer seinen Bruder nicht liebt, den er gesehen hat, kann nicht Gott lieben, den er nicht gesehen hat"* (1. Johannes 4,20)

Lasst uns gewöhnliche Handlungen im Alltag betrachten, die unanständig sind, und die wir leicht übersehen können. Oft ist es so, dass wenn wir nach dem trachten, was wir wollen und was uns nützt, wir nicht an die anderen denken, weshalb vielfach unhöflich gehandelt wird. Beim Telefonieren sollten wir uns an bestimmte Benimmregeln halten. Wenn wir spät am Abend oder nachts anrufen oder lange mit jemandem sprechen, der sehr viel zu tun hat, schadet das demjenigen. Zu spät zu Terminen zu kommen oder jemand unerwartet oder ohne Anmeldung zu Hause zu besuchen, sind weitere Beispiele für unhöfliches Verhalten.

Mancher denkt vielleicht: „Wir stehen uns so nahe. Ist es nicht etwas zu förmlich, über all diese Dinge zwischen uns nachzudenken?" Möglicherweise habt ihr eine wirklich gute Beziehung und versteht alles, was die andere Person betrifft. Dennoch ist es sehr schwierig jemandes Herz zu hundert Prozent zu verstehen. Wir meinen vielleicht, wir drücken unsere Freundschaft der anderen Person gegenüber richtig aus, aber sie nimmt das eventuell anders wahr. Darum sollten wir uns bemühen, aus der Warte des anderen zu denken. Insbesondere sollten wir darauf achten, nicht unhöflich zu handeln, wenn uns der andere sehr nahe steht und sich bei uns wohlfühlt.

Oft sprechen wir Worte achtlos aus oder handeln so und verletzten auf diese Weise die Gefühle der Menschen oder beleidigen sie, die uns doch am nächsten stehen. Wir sind grob gegenüber Familienmitgliedern oder sehr engen Freunden, wodurch diese Beziehungen strapaziert und vielleicht sehr schlecht werden. Es kommt auch vor, dass ältere Personen jüngere oder diejenigen, die in der Gesellschaft unter ihnen stehen, unanständig behandeln. Sie reden respektlos oder kommandieren andere herum, wodurch diese sich unbehaglich fühlen.

Allerdings ist es heute schwierig, Leute zu finden, die ihren

Eltern, Lehrern und älteren Personen, denen sie offensichtlichen dienen sollten, auch tatsächlich von ganzem Herzen dienen. Manche mögen sagen, die Dinge hätten sich geändert, aber manches ändert sich nie. In 3. Mose 19,32 heißt es: „Vor grauem Haar sollst du aufstehen und die Person eines Greises ehren, und du sollst dich fürchten vor deinem Gott. Ich bin der HERR."

Es ist der Wille Gottes für uns, dass wir unsere Pflichten gegenüber anderen Menschen voll und ganz erfüllen. Gottes Kinder sollten sich auch an die öffentliche Ordnung dieser Welt halten und sich nicht unanständig benehmen. Wenn wir beispielsweise in der Öffentlichkeit für Unruhe sorgen, auf die Straße spucken oder gegen Verkehrsregeln verstoßen, verhalten wir uns anderen Mitbürgern gegenüber unanständig. Doch wir sind Christen und sollen für die Welt Licht und Salz sein. Darum sollten wir mit unseren Worten, unserem Handeln und Verhalten sehr vorsichtig sein.

Das Gesetz der Liebe ist der ultimative Standard

Die meisten Menschen verbringen die meiste Zeit mit anderen Menschen; sie treffen sie, reden, essen oder arbeiten mit ihnen. So gibt es auch verschiedene kulturell bedingte Verhaltensregeln für den Alltag. Doch jeder hat eine andere Bildung genossen und darüber hinaus unterscheidet sich eine Kultur von der anderen, von Land zu Land und Rasse zu Rasse. Wie sollte also Standardverhalten aussehen?

Es ist das Gesetz der Liebe in unserem Herzen. Gemeint ist mit dem „Gesetz der Liebe" das Gesetz Gottes - und Er ist Liebe. In dem Maße, wie wir das Wort Gottes in unser Herz schreiben und es praktizieren, haben wir die Einstellung des Herrn und handeln auch nicht unanständig. Eine weitere Bedeutung von Liebe ist „Rücksichtnahme".

Ein Mann war in einer dunklen Nacht mit einer Lampe in seiner Hand unterwegs. Ein zweiter Mann kam ihm aus der anderen Richtung entgegen und als er den Mann mit der Lampe sah, fiel ihm auf, dass er blind war. Da fragte er ihn, warum er einen Lampe dabei habe, wo er doch nicht sehen könne. Er erwiderte: „Damit du nicht mit mir zusammen stößt. Die Lampe habe ich deinetwillen." Beim Hören dieser Geschichte sollten wir an Rücksichtnahme denken.

Auf andere Menschen Rücksicht zu nehmen, mag trivial erscheinen, ist aber mächtig und kann die Herzen von Menschen bewegen. Unpassendes Verhalten kommt durch einen Mangel an Rücksichtnahme gegenüber unseren Mitmenschen, was wiederum auf den Mangel an Liebe hindeutet. Wenn wir andere Menschen wirklich lieben, werden wir immer auf sie Rücksicht nehmen und uns nicht anstandslos verhalten.

Ein Beispiel aus der Landwirtschaft: Wenn zu viele minderwertige Früchte weggenommen werden, nehmen sich die übrigen alle verfügbaren Nährstoffe. So werden sie allerdings eine sehr dicke Haut entwickeln und auch nicht gut schmecken. Wenn wir auf andere keine Rücksicht nehmen, genießen wir vielleicht kurzfristig alles, was uns zur Verfügung steht, aber wir werden geschmacklos und dickhäutig - so wie Obst, das zu viele Nährstoffe aufnimmt.

Darum sollten wir anderen Menschen immer mit dem größtmöglichen Respekt beggegnen, so wie wir dem Herrn dienen und wie es in Kolosser 3,23 heißt: „Was ihr auch tut, arbeitet von Herzen als dem Herrn und nicht den Menschen."

7. Die Liebe sucht nicht das Ihre

In der heutigen Welt ist es nicht schwierig, auf Selbstsucht zu treffen. Den Menschen ist ihr eigenes Wohl wichtiger als das Allgemeinwohl. In manchen Ländern werden dem Babymilchpulver schädliche Chemikalien hinzugefügt. Andere Leute verursachen in ihrem Land großen Schaden, indem sie Technologie stehlen, die für ihr Land sehr wichtig ist.

Aufgrund der Einstellung „nicht in meinem Hinterhof" ist es für Regierungen schwierig, öffentliche Anlagen wie Mülldeponien und öffentliche Krematorien zu errichten. Den Menschen ist das Wohlergehen anderer nicht wichtig; sie kümmern sich nur um sich selbst. Es mag nicht immer so extrem zugehen, wie in den genannten Beispielen, aber wir sehen Selbstsucht auch vielfach in unserem Alltag.

Ein Beispiel: Einige Kollegen oder Freunde essen miteinander. Sie müssen wählen, was sie essen wollen und einer von ihnen besteht auf dem, was er will. Einer stimmt zu, merkt aber, dass es ihm innerlich mit dieser Entscheidung nicht gut geht. Ein anderer will möglicherweise immer erst die Meinung der anderen hören. Und egal, ob er das, was die anderen gewählt haben, besonders mag oder nicht, er isst immer mit Freude. In welche Gruppe fällst du?

Eine Gruppe von Leuten hat eine Sitzung, um eine Veranstaltung vorzubereiten. Es gibt verschiedene Meinungen. Eine Person versucht die anderen zu überzeugen, damit sie ihr zustimmen. Ein anderer besteht nicht so sehr auf seiner Meinung; wenn er die Meinung von jemand anderem nicht mag, gibt er sich zögerlich, akzeptiert sie aber.

Manch anderer hört den anderen Leuten zu, wenn sie ihre Meinung äußern und selbst wenn deren Meinung sich von seiner unterscheidet, versucht er, ihrer Meinung zu folgen. Diese Unterschiede hängen vom Maß der Liebe ab, die jeder im Herzen hat.

Wenn es einen Meinungsunterschied gibt, der zu Streit oder Argumenten führt, dann ist der Grund, dass die Menschen nach dem trachten, was sie wollen und auf ihrer Meinung bestehen. Wenn in einer Ehe beide Partner auf ihrer eigenen Ansicht bestehen, gibt es permanent Auseinandersetzungen und sie werden sich nicht verstehen. Frieden gibt es nur, wenn sie nachgeben und einander Verständnis entgegenbringen. Doch der Frieden wird ständig gestört, weil jeder auf seiner eigenen Ansicht besteht.

Wenn wir jemanden lieben, ist uns diese Person wichtiger, als wir es uns selbst sind. Betrachten wir einmal die Liebe von Eltern. Die meisten Eltern denken zuerst an ihre Kinder und nicht an sich selbst. So ist es einer Mutter lieber, wenn jemand sagt: „Oh, deine Tochter ist so schön", anstatt, dass sie selbst das Kompliment „Du bist so hübsch" hört.

Anstatt dass sie selbst etwas Köstliches essen, sehen es die Eltern lieber, wenn ihre Kinder etwas Gutes bekommen. Anstatt dass sie gute Kleidung tragen, sind sie glücklicher, wenn ihre Kinder gut gekleidet sind. Außerdem wünschen sich Eltern, dass ihre Kinder intelligenter sind als sie selbst. Sie wollen, dass ihre Kinder bei anderen anerkannt sind und von ihnen geliebt werden. Wenn wir unseren Nächsten und alle anderen so lieben, wie sehr wird das wohl Gott dem Vater gefallen?

Aus Liebe trachtete Abraham nach dem Guten für andere

Um die Interessen anderer über unsere eigenen stellen, brauchen wir aufopferungsvolle Liebe. Abraham ist ein gutes Beispiel dafür. Er trachtete lieber nach dem, was für andere gut war.

Als er seine Heimat verließ, folgte ihm sein Neffe Lot. Dieser empfing dank Abraham auch einen großen Segen. Er hatte so viel Vieh, dass es nicht genug Wasser gab, um sowohl Abrahams als auch seine Herden zu tränken. So kam es zwischen den Hirten beider Seiten zum Streit.

Abraham wollte nicht, dass der Frieden gestört wird und ließ Lot wählen, welches Land er wollte; er selbst wollte den Rest nehmen. Wenn man Vieh hat, braucht man an erster Stelle Weideland und Wasser. Da, wo sie waren, gab es nicht genug Weideland und Wasser für alle Tiere. Wenn man dem anderen das bessere Land überließ, war das so, als würde man das aufgeben, was man selbst zum Überleben brauchte.

Abraham zeigte Lot gegenüber so viel Rücksichtnahme, weil er ihn sehr liebte. Doch Lot verstand diese Liebe Abrahams nicht. Er wählte einfach das bessere Weideland, nämlich das Jordantal, und zog los. War es Abraham unwohl, als er sah, dass Lot sofort das wählte, was besser für ihn war? Nein, ganz und gar nicht! Er freute sich, dass sein Neffe sich für das gute Land entschieden hatte.

Gott sah, welch ein gutes Herz Abraham hatte und segnete ihn noch mehr, egal, wohin er ging. Er wurde so reich, dass er sogar von den Königen in der Gegend respektiert wurde. Wir sehen also, dass wir von Gott ganz sicher gesegnet werden, wenn wir an das denken, was für die anderen gut ist.

Wenn wir unseren Lieben etwas geben, freut uns das mehr als irgendetwas anderes. Allerdings können nur diejenigen diese Freude verstehen, die etwas verschenkt haben, was ihnen sehr lieb war. Jesus erlebte diese Freude. Wenn wir die vollkommene Liebe kultivieren, können auch wir die größte aller Freuden erleben. Es ist schwierig, denen etwas zu geben, die wir hassen. Dagegen ist es nicht schwer, die zu beschenken, die wir lieben. In dem Fall geben wir gerne.

Die größte Freude genießen

Durch die vollkommene Liebe können wir das größte Glück erleben. Um vollkommene Liebe wie Jesus zu haben, müssen wir zuerst an unsere Mitmenschen denken. Nicht wir selber, sondern unsere Nächsten, Gott der Herr und die Gemeinde sollten höchste Priorität haben. Und wenn wir das so handhaben, kümmert sich Gott um uns. Er gibt uns etwas Besseres, wenn wir nach dem trachten, was für unseren Nächsten gut ist. Dafür werden dann im Himmel Belohnungen für uns aufbewahrt. Darum sagt Gott in Apostelgeschichte 20,35 zu uns: „Geben ist seliger als Nehmen."

Eines sollte hier klar herausgestellt werden. Wir dürfen unsere Gesundheit nicht gefährden, wenn wir treu für Gottes

Königreich arbeiten und dabei über unsere körperlichen Kräfte hinausgehen. Gott sieht unser Herz, wenn wir versuchen, treu zu sein, uns dabei aber verausgaben. Unser Körper braucht Ruhe. Wir sollten uns um das Wohlergehen unserer Seele kümmern - durch Gebet, Fasten und das Erlernen von Gottes Wort, nicht nur, indem wir für die Gemeinde arbeiten.

Manche Leute bringen ihren Familienmitgliedern oder anderen Menschen Nachteile oder sie verursachen ihnen Schaden, indem sie zu viel Zeit mit religiösen oder Gemeindeaktivitäten verbringen. Beispielsweise können manche ihre Arbeit nicht ordentlich erledigen, weil sie fasten. Manche Schüler und Studenten vernachlässigen ihre schulischen Aufgaben, um an Aktivitäten ihrer Sonntagsschulgruppe teilzunehmen.

In den oben genannten Fällen meinen sie, sie hätten nicht nach dem getrachtet, was ihnen nützt, weil sie ja weiter fleißig dabei waren. Aber das stimmt so nicht. Obwohl sie für den Herrn arbeiten, sind sie in Bezug auf Gottes Haus nicht in allem treu. Das heißt, sie haben ihre ganzen Pflichten als Kinder Gottes nicht vollkommen erfüllt, denn eigentlich haben sie doch nach dem getrachtet, was ihnen nützt.

Was sollten wir tun, um nicht auf unseren eigenen Vorteil aus zu sein? Wir müssen uns auf den Heiligen Geist verlassen. Der Heilige Geist, der das Herz Gottes darstellt, führt uns in die Wahrheit. Wir können nur zur Ehre Gottes leben, wenn wir uns in allem vom Heiligen Geist leiten lassen, so wie es der Apostel Paulus sagte: „Ob ihr nun esst oder trinkt oder sonst etwas tut, tut alles zur Ehre Gottes." (1. Korinther 10,31)

Um das tun zu können, müssen wir das Böse aus unserem

Herzen vertreiben. Wenn wir dann wahre Liebe in unserem Herzen kultivieren, kommt die Weisheit der Güte hinzu, so dass wir den Willen Gottes in jeder Situation erkennen können. Wenn es unserer Seele gut geht, läuft alles andere gut und wir sind gesund, so dass wir Gott in vollem Umfang treu sein können. Dann werden wir auch von unseren Nachbarn und Angehörigen geliebt.

Wenn Frischvermählte zu mir kommen, um sich segnen zu lassen, bete ich immer, dass sie zuerst nach dem Wohlergehen des anderen trachten sollen. Wenn sie nur nach dem trachten, war ihnen selbst nützt, wird ihr Ehe- und Familienleben nicht friedvoll sein.

Wir können nach dem trachten, was unseren Lieben dient, oder nach dem, was uns zum Vorteil gereicht. Aber was ist mit denen, die uns das Leben in allen Bereichen schwer machen und immer nur auf das aus sind, was ihnen nützt? Und was ist mit denen, die uns Schaden zufügen oder mit Leuten, von denen wir keinen Nutzen haben? Wie sollten wir uns gegenüber Menschen verhalten, die nicht gemäß der Wahrheit handeln und immer nur Schlechtes sagen?

Sollte das der Fall sein, dann meiden wir solche Menschen und wenn wir nicht bereit sind, Opfer für sie zu bringen, heißt das, wir sind nur auf das aus, was uns etwas nützt. Wir sollten in der Lage sein, uns zu opfern und selbst den Menschen, die ganz anderer Meinung sind, den Vortritt lassen. Nur dann können wir als jemand betrachtet werden, der geistliche Liebe weitergibt.

8. Die Liebe lässt sich nicht erbittern

Liebe verändert das Herz den Menschen zum Positiven. Auf der anderen Seite macht Zorn das Herz negativ. Zorn verletzt das Herz und macht es finster. Wenn du zornig wirst, kannst du nicht in der Liebe Gottes bleiben. Die schlimmsten Fallen des Teufels, die er den Kindern Gottes stellt, sind Hass und Zorn.

„Sich nicht erbittern zu lassen" bezieht sich nicht nur darauf, dass jemand zornig wird, herumschreit, flucht oder gewalttätig wird. Wenn sich dein Gesicht verzerrt und rot wird, wenn sich die Art und Weise, wie du sprichst, ändert, ist all das eine Reaktion darauf, dass du provoziert wurdest. Das Ausmaß mag sich jedes Mal unterscheiden, aber es handelt sich dennoch um den äußerlichen Ausdruck von Hass und bösen Gefühlen im Herzen. Allerdings sollten wir niemanden allein aufgrund seines Gesichtsausdruckes be- oder verurteilen und einfach davon ausgehen, dass derjenige zornig ist. Es ist alles andere als einfach, das Herz einer anderen Person genau einzuschätzen.

Eines Tages trieb Jesus Menschen aus dem Tempel, die darin Verkaufsstände aufgebaut hatten. Die Händler saßen an ihren Tischen und wechselten Geld oder verkauften Opfertiere an die Menschen, die nach Jerusalem in den Tempel kamen, um Pessach zu feiern. Sonst war Jesus sanftmütig. Er stritt und schrie nicht und keiner hörte Seine erhobene Stimme in den Straßen. Doch als Er diese Szene vorfand, war Sein Auftreten ganz anders als sonst.

Er machte sich eine Peitsche aus Bändern und trieb die Schafe, Kühe und andere Opfertiere hinaus. Er stieß die Tische der Geldwechsler und Taubenverkäufer um. Als die Anwesenden Ihn so sahen, hätten sie meinen können, Er sei zornig gewesen. Doch Er war zu dem Zeitpunkt nicht zornig, weil Er ungute Gefühle wie Hass in sich trug. Vielmehr verspürte Er eine heilige Empörung. Und genau dadurch zeigte Er uns, dass die Ungerechtigkeit, die diese Schändung des Tempels darstellte, von Gott nicht toleriert werden konnte. Diese Art von gerechter Entrüstung ergibt sich aus der Liebe zu Gott, der die Liebe mit Seiner Gerechtigkeit abrundet.

Der Unterschied zwischen gerechter Empörung und Zorn

In Markus 3 lesen wir, wie Jesus am Sabbat einen Mann in der Synagoge heilte, der eine verdorrte Hand hatte. Die Menschen beobachteten Jesus genau, denn sie wollten wissen, ob Er eine Person am Ruhetag heilen würde. Sie wollten Ihm vorwerfen zu können, dass Er gegen den Sabbat verstoßen hatte. Jesus wusste sofort, was in ihren Herzen vorging und fragte: „Ist es erlaubt, am Sabbat Gutes zu tun oder Böses zu tun, das Leben zu retten oder zu töten? Sie aber schwiegen." (Markus 3,4)

Ihre Absicht wurde offenbart und ihnen fiel nichts mehr ein, was sie hätten sagen können. Jesu Zorn richtete sich auf ihre verhärteten Herzen.

„Und er blickte auf sie umher mit Zorn, betrübt über die Verhärtung ihres Herzens, und spricht zu dem Menschen: Strecke die Hand aus! Und er streckte sie aus, und seine Hand wurde wiederhergestellt." (Markus 3,5)

Damals versuchten böse Menschen nur, Jesus zu verurteilen

und zu töten, obwohl Er Gutes tat. So bediente sich Jesus manchmal harscher Worte. Dadurch sollten sie aber nur zur Besinnung kommen und sich vom Weg der Zerstörung abzuwenden. Der gerechte Zorn Jesu kam auch aus Seiner Liebe. Bisweilen ließen sich die Leute dadurch wachrütteln und auf den Weg des Lebens führen. Es ist also ein großer Unterschied, ob man provoziert wird oder gerechten Zorn entwickelt. Nur wenn sich jemand geheiligt und gar keine Sünde mehr hat, bringen Jesu Korrektur und Ermahnungen Leben. Ohne die Heilung des Herzens kann man dagegen solche Früchte nicht tragen.

Es gibt verschiedene Gründe, warum Menschen zornig werden. Erstens hat jeder andere Vorstellungen und Wünsche. Jeder hat einen anderen familiären Hintergrund, eine andere Bildung und dadurch unterscheiden sich die Herzen und Gedanken oder wie jemand urteilt voneinander. Doch die Leute wollen, dass andere Menschen sich eben an ihren Vorstellungen orientieren, und wenn nicht, dann entwickeln sie ungute Gefühle.

Nehmen wir an, ein Ehemann mag sein Essen salzig, aber seine Frau nicht. Die Ehefrau könnte sagen: „Zu viel Salz ist nicht gut für deine Gesundheit und du solltest etwas weniger Salz nehmen." Sie gibt den Rat seiner Gesundheit wegen. Doch wenn der Ehemann das nicht will, sollte sie nicht darauf bestehen. Beide sollten eine Lösung finden, bei der sie sich nach einander richten. Wenn sie sich gemeinsam darum bemühen, können sie eine glückliche Familie schaffen.

Zweitens kann jemand zornig werden, wenn ihm andere nicht zuhören. Wenn er älter ist oder eine höhere Position hat, will er, dass ihm seine Mitmenschen gehorchen. Natürlich ist es richtig,

Ältere zu respektieren und denjenigen, die in der Hierarchie höher stehen, zu gehorchen, doch es auch ist nicht recht, wenn diese Leute die Menschen an niedrigerer Stelle dazu zwingen, ihnen zu gehorchen.

Es gibt Fälle, wo eine Person, die höher steht, überhaupt nicht auf die Untergebenen hört, sondern will, dass sie ihren Worten bedingungslos folgen. In anderen Fällen werden Menschen zornig, wenn sie einen Verlust erleiden oder unfair behandelt werden. Darüber hinaus kann jemand zornig werden, wenn ihm Leute ohne Grund Widerstand leisten; wenn Dinge nicht so erledigt werden, wie er das erbeten oder angeordnet hat oder auch wenn Menschen ihn verfluchen oder beleidigen.

Bevor Leute zornig werden, hatten sie zunächst einmal ungute Gefühle in ihrem Herzen. Schließlich treten diese Gefühle als Zorn ans Licht. Normalerweise sind also ungute Gefühle der erste Schritt in Richtung Zorn. Doch wenn wir zornig werden, können wir nicht in der Liebe Gottes wohnen und unser geistliches Wachstum wird ernstlich behindert.

Wir können uns selbst nicht mit der Wahrheit ändern, solange wir an unguten Gefühlen festhalten. Wir dürfen uns nicht provozieren lassen und müssen Zorn ablegen. In 1. Korinther 3,16 heißt es: „Wisst ihr nicht, dass ihr Gottes Tempel seid und der Geist Gottes in euch wohnt?"

Machen wir uns neu bewusst, dass der Heilige Geist unser Herz als Tempel Gottes ansieht und dass Er uns immer im Auge hat. Dann lassen wir uns nicht provozieren, nur weil nicht alles unseren Vorstellungen entspricht.

Der Zorn eines Mannes wirkt nicht Gottes Gerechtigkeit

Elisa empfing doppelt so viel vom Geist Gottes wie sein Lehrer Elia und wirkte stärker in der Kraft Gottes. Er segnete eine unfruchtbare Frau, so dass sie empfangen konnte; er belebte einen Toten wieder; er heilte Aussätzige und er besiegte eine Armee. Er verwandelte nicht trinkbares Wasser in genießbares, indem er Salz hinein streute. Dennoch starb er an einer Krankheit, was bei großen Propheten Gottes selten vorkam.

Was könnte der Grund dafür sein? Der Grund war, was auf dem Weg nach Bethel geschah. Eine Gruppe von Jungen kam aus der Stadt und machte sich über ihn lustig, weil er nicht mehr viele Haare hatte und nicht besonders gut aussah. „Komm herauf, Kahlkopf! Komm herauf, Kahlkopf!" (2. Könige 2,23)

Es waren nicht nur ein paar, sondern viele Jungen, die Elisa hinterherliefen und ihn verspotteten, was ihm peinlich war. Er wandte sich an sie und schimpfte sie aus, aber sie hörten nicht auf. Sturköpfig ärgerten sie den Propheten und das war für Elisa unerträglich.

Bethel war damals im Nordreich der Nährboden für Götzendienst schlechthin, nachdem die Nation Israel gespalten worden war. Die Jungen in der Gegend dürften wegen ihrer Umgebung, die voller Götzendienst war, hartherzig gewesen sein. Vielleicht hatten sie die Straße blockiert, Elisa angespuckt oder Steine auf ihn geworfen. Am Ende verfluchte Elisa sie. Da kamen zwei Bärinnen aus dem Wald und töten 42 der Jungs.

Natürlich hatten sie sich das selbst zuzuschreiben, denn sie hatten den Mann Gottes über Gebühr verhöhnt, aber die Geschichte zeigt auch, dass Elisa ungute Gefühle hegte. Das ist nicht unerheblich bezüglich der Tatsache, dass er an einer Krankheit starb. Wir sehen, dass es für Kinder Gottes nicht richtig ist, sich provozieren zu lassen. „Denn eines Mannes Zorn wirkt nicht Gottes Gerechtigkeit." (Jakobus 1,20)

Sich nicht provozieren lassen

Was müssen wir tun, um nicht zornig zu werden? Müssen wir den Zorn mit Selbstkontrolle unterdrücken? Wenn man eine Feder fest zusammenpresst, speichert sie viel Kraft, um in dem Moment, wo wir sie loslassen, wegzuspringen. Das Gleiche gilt, wenn wir zornig werden. Wenn wir Zorn unterdrücken, vermeiden wir vielleicht in dem Moment einen Konflikt, aber er wird früher oder später ausbrechen. Um uns nicht provozieren zu lassen, müssen wir das Gefühl des Zorns selbst loswerden. Wir sollten es nicht einfach unterdrücken, sondern unseren Zorn gegen Güte und Liebe austauschen, damit wir nichts unterdrücken brauchen.

Natürlich können wir ungute Gefühle nicht über Nacht ablegen und mit Güte und Liebe ersetzen. Daran müssen wir Tag für Tag arbeiten. Wenn wir in eine provokante Situation geraten, müssen wir sie zunächst Gott überlassen und geduldig sein. Es heißt in einem Werk über Thomas Jefferson, den 3. Präsidenten der Vereinigten Staaten, er habe gesagt: „Wenn du zornig bist, zähle bis zehn, bevor du sprichst. Wenn du sehr zornig bist, zähle bis einhundert." In Korea sagte man, wenn man dreimal Geduld übt, verhindert man einen Mord.

Wenn wir zornig sind, sollten wir uns zurückhalten und darüber nachdenken, was es uns bringt, wenn wir wütend werden. Dann tun wir nichts, was wir bereuen würden oder wofür wir uns schämen müssten. Wenn wir uns bemühen geduldig zu sein - mit Gebet und der Hilfe des Heiligen Geistes - können wir das böse Gefühl des Zornes bald ablegen. Wenn wir in der Vergangenheit zehnmal zornig wurden, geht die Zahl auf neun herunter, dann auf acht und so weiter. Im Laufe der Zeit haben wir selbst bei Provokationen einfach Frieden. Wie wunderbar!

In Sprüche 12,16 heißt es: „Der Narr - sein Unmut tut sich an demselben Tag noch kund, wer aber die Schmach verborgen hält, ist klug" und in Sprüche 19,11 steht: „Die Einsicht eines Menschen macht ihn langmütig, und sein Ruhm ist es, an der Übertretung vorüberzugehen."

Im Englischen ist es ein Wortspiel: „Anger" (Zorn) ist nur einen Buchstaben, nämlich „D", von „Danger" (Gefahr) entfernt. Vielleicht wird uns dabei klar, wie gefährlich es ist, zornig zu werden. Am Ende ist der Sieger, der durchhält. Manche Menschen üben sich in der Kirche in Selbstbeherrschung, selbst in Situationen, die sie zornig machen könnten, aber zu Hause, in der Schule und am Arbeitsplatz werden sie schnell zornig. Gott existiert allerdings nicht nur in der Gemeinde.

Er weiß, wenn wir uns hinsetzen und aufstehen, kennt jedes Wort, das wir sagen, und jeden Gedanken, den wir haben. Er sieht uns immer und überall und der Heilige Geist wohnt in unserem Herzen. Darum sollten wir so leben, als würden wir ständig vor Gott stehen.

Ein gewisses Ehepaar hatte einen Streit und der Mann schrie seine Ehefrau an, sie solle den Mund halten. Sie war so geschockt, dass sie ihren Mund bis zu ihrem Tod nie wieder aufmachte. Der Mann, der vor seiner Frau ausgerastet war, und auch seine Frau litten extrem darunter. Provoziert zu werden, kann dazu führen, dass Menschen leiden. Wir sollten uns bemühen, alle möglichen unguten Gefühle loszuwerden.

9. Liebe rechnet Böses nicht zu

In meinem Dienst bin ich einer großen Bandbreite von Menschen begegnet. Manche spüren die Liebe Gottes schon, wenn sie an Ihn denken und ihnen kommen gleich die Tränen. Andere haben Probleme in ihrem Herzen, weil sie Gottes Liebe nicht tief im Herzen spüren, obwohl sie an Ihn glauben und Ihn lieben. Das Maß, in dem wir die Liebe Gottes spüren, hängt davon ab, wie viel Sünde und Böses wir abgelegt haben. In dem Umfang, wie wir gemäß dem Wort Gottes leben und das Böse aus unserem Herzen verbannen, können wir Gottes Liebe tief in unserem Herzen wahrnehmen, ohne dass uns etwas daran hindert, im Glauben zu wachsen. Vielleicht stoßen wir hier und da bei unserem Marsch des Glaubens auf Schwierigkeiten, doch in solchen Zeiten erinnern wir uns an die Liebe Gottes, der die ganze Zeit auf uns wartet. Solange wir uns an Seine Liebe erinnern, rechnen wir das Böse nicht zu.

Das Böse zurechnen

In seinem Buch „Healing Life's Hidden Addictions" (zu Deutsch: Verborgene Abhängigkeiten im Leben heilen) schreibt Dr. Archibald D. Hart, der ehemalige Dekan der Fakultät für Psychologie an der Fuller-Bibelschule, dass einer von vier Jugendlichen in Amerika an einer ernsthaften Depression leidet und dass Depressionen, Drogen, Sex, das Internet, Alkoholkonsum und Rauchen das Leben dieser jungen Leute ruinieren.

Wenn ein Abhängiger aufhört, Drogen zu nehmen, die sein Denken, seine Gefühle und sein Verhalten verändert haben, hat er möglicherweise keine oder nur wenige Mechanismen übrig, um das

Leben zu bewältigen. Um dem zu entfliehen, wendet er sich vielleicht süchtig machenden Verhaltensmustern zu, die die Chemie in seinem Gehirn manipulieren. Ein solches süchtige Verhalten kann Sex, Liebe und Beziehungen beinhalten (die englische Abkürzung dafür lautet SLR). Nichts befriedigt sie wirklich und sie können auch die Gnade und Freude aus einer Beziehung zu Gott nicht spüren. Somit sind sie laut Dr. Hart wirklich krank. Eine Sucht ist ein Versuch, sich mit Dingen zu befriedigen, anstatt bei Gott Gnade und Freude abzuholen. Süchte kommen daher, dass Gott ignoriert wird. Ein Süchtiger denkt praktisch die ganze Zeit an etwas Böses, das er erlitten hat.

Wie lautet die Definition von „etwas Böses, das man erlitten hat"? Es bezieht sich auf alles Böse, also alles, was nicht im Einklang mit dem Willen Gottes steht. An „etwas Böses denken" kann generell in drei Kategorien eingeteilt werden.

Erstens: Du willst, dass Dinge bei anderen Leuten schief laufen.
Nehmen wir an, du hattest einen Streit mit jemandem. Du hasst denjenigen so sehr, dass du denkst: „Ich wünsche mir, dass er stolpert und hinfällt." Und dann sagen wir einmal, du hast zu deinem Nächsten oder Nachbarn keine gute Beziehung und ihm passiert etwas Schlimmes. Dann denkst du: „Geschieht ihm recht!" oder „Ich wusste, dass das passieren würde!" Im Fall von Schülern oder Studenten wünschen sich diese möglicherweise, dass ihre Mitschüler oder Kommilitonen bei der Prüfung nicht gut abschneiden.

Wenn du wahre Liebe in dir hast, wirst du nie an etwas so Böses denken. Wünschst du dir, dass deine Lieben krank werden oder einen Unfall haben? Nein! Du wünschst dir, dass deine liebe Frau oder dein lieber Ehemann sich immer guter Gesundheit erfreut und nicht in einen Unfall verwickelt wird. Doch wenn wir in unserem Herzen keine Liebe haben, wünschen wir uns, dass Dinge bei anderen Menschen schiefgehen und wir freuen uns, wenn sie unglücklich sind.

Und dann wollen Menschen, die keine Liebe haben, die Sünden oder Schwachpunkte ihrer Mitmenschen erfahren und verbreiten. Stell dir vor, du gehst zu einer Besprechung und dort sagt jemand etwas Schlechtes über eine andere Person. Wenn dich ein solches Gespräch interessiert, solltest du dein Herz prüfen. Wenn jemand über deine Eltern herziehen würde, würdest du weiter zuhören wollen? Nein! Du würdest demjenigen sagen, er solle sofort damit aufhören.

Natürlich gibt es Zeiten und Fälle, wo du über die Situation eines Mitmenschen Bescheid wissen musst, weil du ihm helfen willst. Doch ist das nicht der Fall und du bist dennoch daran interessiert, etwas Schlechtes über andere Menschen zu erfahren, dann ist der Grund, dass du andere verleumden und über sie tratschen willst. „Wer Vergehen zudeckt, strebt nach Liebe; wer aber eine Sache immer wieder aufrührt, entzweit Vertraute." (Sprüche 17,9)

Diejenigen, die gut sind und Liebe in ihrem Herzen haben, werden versuchen, die Vergehen anderer zuzudecken. Und wenn wir geistliche Liebe haben, sind wir auf andere Leute, denen es finanziell gut geht, nicht eifersüchtig oder neidisch. Wir wünschen uns vielmehr, dass es ihnen gutgeht und dass sie von ihren Mitmenschen geliebt werden. Der Herr Jesus hat uns aufgetragen, unsere Feinde zu lieben. In Römer 12,14 steht: „Segnet, die euch verfolgen; segnet, und flucht nicht!"

Der zweite Aspekt von bösen Gedanken ist das Be- und

Verurteilen anderer.

Sagen wir, du siehst, wie ein Gläubiger an einen Ort geht, an dem Christen nichts zu suchen haben. Welche Gedanken kämen dir dann? Vielleicht bildest du dir eine solch negative Meinung über ihn, dass du böse Gedanken wie diesen hast: „Wie kann er nur so etwas tun?" Wenn du Güte im Herzen hast, fragst du dich vielleicht: „Warum mag er wohl an einen solchen Ort gehen?", aber gleich darauf fällt dir ein, dass er guten Grund dafür haben muss.

Doch wenn du geistliche Liebe in deinem Herzen hast, kommen dir von vornherein gar keine bösen Gedanken. Selbst wenn du etwas hörst, was nicht gut ist, verurteilst und verdammst du niemanden, bevor du nicht alle Fakten geprüft hast. Wie reagieren Eltern in den meisten Fällen, wenn sie etwas Schlimmes über ihre Kinder hören? Sie akzeptieren das nicht einfach so, sondern bestehen darauf, dass ihre Kinder so etwas nie tun würden. Stattdessen denken sie, dass derjenige, der es ihnen gesagt hat, schlecht ist. Ebenso gilt: Wenn du jemanden wirklich liebst, bemühst du dich, nur das Beste von ihm zu denken.

Heute ist es leider so, dass Menschen leicht Schlechtes über andere denken und sagen. Das ist nicht nur in persönlichen Beziehungen so, sondern Leute kritisieren auch Menschen in öffentlichen Ämtern.

Sie versuchen nicht einmal, sich einen Gesamteindruck über das zu verschaffen, was wirklich passiert ist und verbreiten dennoch unbegründet Gerüchte. (Wegen aggressiver Antworten im Internet haben Menschen bereits Selbstmord begangen.) Sie be- und verteilen andere anhand ihrer eigenen Standards, nicht mit dem Wort Gottes. Wie sieht der Wille Gottes dazu aus?

In Jakobus 4,12 werden wir gewarnt: „Einer ist Gesetzgeber und Richter, der zu retten und zu verderben vermag. Du aber, wer bist du, der du den Nächsten richtest?" Nur Gott kann wirklich gut urteilen. Das heißt, nur Gott kann uns sagen, dass es böse ist, unseren Nächsten zu richten. Sagen wir, jemand hat etwas getan, was eindeutig falsch war. In diesem Fall ist es für Menschen, die geistliche Liebe haben, nicht so wichtig, ob die Person richtig oder falsch gehandelt hat. Sie denken vielmehr daran, was der Person wirklich nützen würde. Sie wünschen sich, dass es der Seele desjenigen gut geht und dass er von Gott geliebt wird.

Des Weiteren deckt die vollkommene Liebe nicht nur Übertretungen zu, sondern hilft der anderen Person auch, in die Lage versetzt zu werden, dass sie Buße tut. Wir sollten auch die Wahrheit lehren und das Herz eines Menschen berühren können, damit er den rechten Weg einschlägt und sich ändert. Wenn wir vollkommene geistliche Liebe haben, brauchen wir uns nicht anstrengen, um jemanden mit gütigen Augen zu betrachten, sondern lieben selbst Leute, die viele Übertretungen begangen haben. Wir vertrauen und helfen ihnen. Wenn wir niemanden richten oder verdammen, freuen wir uns über jeden, dem wir begegnen.

Der dritte Aspekt von bösen Gedanken: Sie sind nicht im Einklang mit dem Willen Gottes.

In die Kategorie „Böse" fallen nicht nur schlechte Gedanken über unsere Mitmenschen, sondern auch solche, die dem Willen Gottes nicht entsprechen. In der Welt werden Leute als gut betrachtet, die sich an gewisse moralische Standards halten und gemäß ihrem Gewissen leben.

Doch weder Moral noch das Gewissen können als absolute Standards von Güte herangezogen werden. Beide Faktoren enthalten viel, was dem Wort Gottes nicht entspricht oder ihm vollkommen entgegengesetzt ist. Allein das Wort Gottes kann als absoluter Maßstab für Güte benutzt werden.

Diejenigen, die den Herrn annehmen, bekennen, dass sie Sünder sind. Manche Leute sind stolz, dass sie ein gutes, moralisches Leben führen, aber sie sind immer noch böse und gemäß dem Wort Gottes Sünder. Der Grund ist, dass alles, was nicht dem Wort Gottes entspricht, böse und sündig ist. Das Wort Gottes ist der ultimative Standard für Güte (1. Johannes 3,4).

Was ist der Unterschied zwischen Sünde und dem Bösen? Im weitesten Sinne handelt es sich bei Sünde und beim Bösen um Unwahrheit, die dem Wort Gottes entgegengesetzt ist. Beides - Sünde und das Böse - sind Finsternis, die wiederum im Gegensatz zu Gott steht, der Licht ist.

Wenn man genauer hinschaut, unterscheiden sie sich sehr voneinander. Vergleicht man beide mit einem Baum, so ist das Böse wie die Wurzel im Boden unsichtbar, während Sünde wie die Äste, Blätter und Früchte sichtbar ist.

Ohne Wurzeln kann ein Baum keine Äste, Blätter oder Früchte haben. Ebenso wird Sünde wegen dem Bösen offenbar. Das Böse ist die Natur im Herzen des Menschen. Diese Natur ist gegen Güte, Liebe und die Wahrheit Gottes. Wenn dieses Böse sich in einer speziellen Form äußert, bezeichnet man es als Sünde.

Jesus sagte: „Der gute Mensch bringt aus dem guten Schatz seines Herzens das Gute hervor, und der böse bringt aus dem bösen das Böse hervor; denn aus der Fülle des Herzens redet sein Mund." (Lukas 6,45)

Nehmen wir an, eine Person gibt etwas von sich, dass jemand anderen, den sie hasst, verletzt. Das ist der Punkt, wo sich das Böse in ihrem Herzen durch „Hass" und „böse Worte" ausdrückt -

beides sind spezifische Formen von Sünde. Eine Sünde wird gemäß dem Standard, sprich dem Wort Gottes, also gemäß einem Gebot, real und spezifisch definiert.

Ohne ein Gesetz kann niemand belangt werden, denn es gibt keinen Standard zur Einschätzung oder für ein Urteil. In dem Sinne wird Sünde definierbar, denn sie ist gegen den Standard von Gottes Wort. Sünde kann in die Dinge und die Werke des Fleisches unterteilt werden. „Dinge des Fleisches" sind Sünden, die im Herzen oder im Denken begangen werden, wie zum Beispiel Hass, Neid, Eifersucht, ehebrecherische Gedanken. Dagegen sind die „Werke des Fleisches" Sünden, die in der Tat begangen werden, wie Streit, Ausrasten und Mord.

Es ist ähnlich wie bei den Sünden oder Verbrechen in dieser Welt, die auch in unterschiedliche Kategorien eingeteilt werden. Beispielsweise kann ein Verbrechen danach unterschieden werden, ob es gegen eine Nation, ein Volk oder eine Einzelperson begangen wurde.

Aber selbst wenn jemand Böses im Herzen hat, heißt das nicht, dass er definitiv sündigen wird. Wenn er sich das Wort Gottes anhört und sich selbst beherrscht, kann er Sünden vermeiden, selbst wenn er noch etwas Böses im Herzen hat. An diesem Punkt ist er vielleicht einfach damit zufrieden, dass er denken kann, er sei bereits geheiligt, weil er keine offensichtlichen Sünden begeht.

Doch um vollkommen geheiligt zu werden, müssen wir alles Böse, das in unserer Natur - also im tiefsten Herzen - war, ablegen. In unserer Natur steckten auch Sünden, die wir von unseren Eltern geerbt haben. Dies wird normalerweise nicht in gewöhnlichen Situationen offenbar, kommt allerdings in Extremsituationen zu Tage.

In Korea gibt es einen Spruch, wonach jeder über den Zaun des

Nachbarn springt, wenn er drei Tage lang nichts gegessen hat. Man könnte auch sagen: „Not bricht das Gesetz". Bis wir vollkommen geheiligt sind, kann das verborgene Böse unter extremen Umständen immer noch offenbar werden.

Fliegenkot mag extrem klein sein, ist es dennoch Kot. Auch wenn es sich nicht um Sünde handelt, gilt, dass alle Dinge, die gemäß der perfekten Sichtweise Gottes nicht perfekt sind, etwas Böses darstellen. Darum lesen wir in 1. Thessalonicher 5,22: „Von aller Art des Bösen haltet euch fern!"

Gott ist Liebe. Im Grunde genommen können Gottes Gebote auf einen Punkt gebracht werden: Liebe. Anders ausgedrückt: Das Böse und die Gesetzlosigkeit sind keine Liebe. Um zu prüfen, ob wir das Böse aufrechnen, können wir darüber nachdenken, wie viel Liebe wir in uns haben. In dem Maße, wie wir Gott und andere Seelen lieben, rechnen wir das Böse nicht auf.

Und dies ist sein Gebot: dass wir an den Namen seines Sohnes Jesus Christus glauben und einander lieben, wie er es uns als Gebot gegeben hat. (1. Johannes 3,23)

Die Liebe tut dem Nächsten nichts Böses. Die Erfüllung des Gesetzes ist also die Liebe. (Römer 13,10)

Rechne das erlittene Böse nicht auf

Um das erlittene Böse nicht aufzurechnen, dürfen wir zunächst nichts Böses sehen oder hören. Aber selbst wenn wir etwas sehen oder hören, sollten wir versuchen, uns nicht daran zu erinnern oder erneut darüber nachzudenken. Wir dürfen nicht versuchen, uns daran zu erinnern. Manchmal können wir vielleicht Gedanken, die uns kommen, nicht kontrollieren. Eventuell ist ein Gedanke noch hartnäckiger, wenn wir versuchen, nicht daran zu denken. Wir müssen uns daher bemühen zu beten (das heißt einen Gedankenaustausch machen); der Heilige Geist wird uns dabei helfen. Wir dürfen nicht absichtlich an etwas Böses denken, es uns ansehen oder anhören. Darüber hinaus sollten wir alle bösen Gedanken verwerfen, die uns durch den Kopf gehen.

Wir dürfen uns auch nicht an bösen Werken beteiligen. In 2. Johannes 1,10-11 lesen wir: „Wenn jemand zu euch kommt und diese Lehre nicht bringt, so nehmt ihn nicht ins Haus auf und grüßt ihn nicht! Denn wer ihn grüßt, nimmt teil an seinen bösen Werken." Hier rät uns Gott, das Böse zu meiden und nicht anzunehmen.

Der Mensch erbt seine sündige Natur von seinen Eltern. Dadurch, dass sie in dieser Welt leben, kommen Menschen mit vielen Unwahrheiten in Kontakt. Aufgrund der sündigen Natur und der Unwahrheiten entwickelt der Mensch seinen eigenen Charakter, sein Ego. Als Christ zu leben bedeutet, dass man die sündige Natur und diese Unwahrheiten ablegt - ab dem Moment, wo wir den Herrn annehmen. Um die sündige Natur und die Unwahrheiten abzulegen, brauchen wir viel Geduld und müssen uns anstrengen. Da wir in dieser Welt leben, sind wir mit Unwahrheiten besser vertraut als mit der Wahrheit. So ist es verhältnismäßig leicht, die Unwahrheit zu akzeptieren und ihr in uns Raum zu geben, anstatt sie abzuwerfen. Zum Beispiel kann man ein weißes Kleid mit schwarzer Tinte leicht beflecken. Dagegen es ist sehr schwer, den Fleck zu entfernen und es wieder ganz weiß zu machen.

Hinzu kommt, dass Dinge, die nur wie ein ganz kleines Übel aussehen, sich in kürzester Zeit in ein großes Übel verwandeln können, wie wir in Galater 5,9 sehen: „Ein wenig Sauerteig durchsäuert den ganzen Teig." Ein kleines Übel kann sich sehr schnell auf viele Leute auswirken. Darum müssen wir auch bei Kleinigkeiten aufpassen. Um in der Lage zu sein, nicht an etwas Böses zu denken, müssen wir es hassen, ohne einen weiteren Gedanken daran zu verschwenden. Gott gebietet uns: „Die ihr den HERRN liebt, hasst das Böse!" (Psalm 97,10) und Er lehrt uns: „Die Furcht des HERRN bedeutet, Böses zu hassen" (Sprüche 8,13).

Wenn du jemanden leidenschaftlich liebst, magst du, was diese Person mag und du magst das nicht, was sie nicht mag. Du brauchst nicht einmal einen Grund dafür. Wenn Gottes Kinder, die den Heiligen Geist empfangen haben, Sünden begehen, stöhnt der Heilige Geist. Darum leiden sie in ihrem Herzen. Dann wird ihnen klar, dass Gott das, was sie getan haben, hasst, und sie bemühen sich, nicht mehr zu sündigen. Es ist wichtig, dass man versucht, selbst die kleinsten Übel abzulegen und nichts Böses mehr anzunehmen.

Mit dem Wort Gottes und dem Gebet

Das Böse ist völlig nutzlos. In Sprüche 22,8 heißt es: „Wer Unrecht sät, wird Unheil ernten." Wir oder unsere Kinder könnten erkranken oder einen Unfall haben. Wir könnten aufgrund von Armut und Schwierigkeiten in der Familie ein leidvolles Leben haben, denn all diese Probleme kommen schließlich vom Bösen.

Irrt euch nicht, Gott lässt sich nicht verspotten! Denn was ein Mensch sät, das wird er auch ernten. (Galater 6,7)

Natürlich sind die Probleme nicht unbedingt sofort sichtbar

und so kann es dazu kommen, dass das Böse in gewissem Maße aufgehäuft wird, was selbst unseren Kindern später noch Schwierigkeiten bereiten kann. Da Menschen in der Welt dies nicht klar ist, tun sie viele böse Dinge.

Beispielsweise meinen sie, es sei normal, sich an denen zu rächen, die ihnen Schaden zugefügt haben. Doch in Sprüche 20,22 steht geschrieben: „Sage nicht: Ich will Böses vergelten! Harre auf den HERRN, so wird er dich retten!"

Gott kontrolliert Leben und Tod, Glück und Unglück der Menschheit gemäß Seiner Gerechtigkeit. Wenn wir also gemäß dem Wort Gottes etwas Gutes tun, werden wir definitiv die Früchte der Güte ernten, denn so steht es eindeutig in 2. Mose 20,6. Dort heißt es: „... der aber Gnade erweist an Tausenden von Generationen von denen, die mich lieben und meine Gebote halten."

Um uns vom Bösen fernzuhalten, müssen wir es hassen. Außerdem müssen wir zwei Dinge immer tun: Das Wort Gottes lesen und beten. Wenn wir Tag und Nacht über das Wort Gottes nachsinnen, können wir böse Gedanken vertreiben und diese mit geistlichen und guten Gedanken ersetzen. So können wir unterscheiden, welches Handeln wirklich aus der wahren Liebe entspringt.

Beim Beten sollten wir außerdem noch gründlicher über das Wort nachdenken, so dass wir das Böse in unseren Worten und Taten erkennen können. Wenn wir mit der Hilfe des Heiligen Geistes eifrig beten, können wir das Böse aus unserem Herzen beherrschen und es hinausschmeißen. So lasst uns das Böse mit Hilfe von Gottes Wort und mit Gebet schnell ablegen, damit wir ein Leben führen können, dass von Glück geprägt ist.

10. Liebe freut sich nicht über die Ungerechtigkeit

Je weiter eine Gesellschaft entwickelt ist, desto besser stehen die Chancen, dass ehrliche Menschen erfolgreich sind. Im Gegensatz dazu gilt, weniger entwickelte Länder haben tendenziell mehr mit Korruption zu kämpfen und fast alles ist möglich, wenn Geld da ist. Korruption wird auch als „Krankheit der Nationen" bezeichnet, denn sie steht mit dem Wohlstand eines Landes in Verbindung. Korruption und Ungerechtigkeit haben einen großen Einfluss auf das Leben des Einzelnen. Selbstsüchtige Menschen können nie wirklich zufrieden sein, denn sie denken nur an sich und können andere nicht lieben.

„Sich nicht über die Ungerechtigkeit zu freuen" und „das Böse nicht aufzurechnen" ähneln sich sehr. Das „Böse nicht aufzurechnen" bezieht sich darauf, dass man nichts Böses mehr im Herzen hat. „Sich nicht über Ungerechtigkeit zu freuen" bedeutet, dass man sich erstens nicht freut, wenn sich jemand beschämend oder schändlich verhält oder so handelt, und zweitens dass man sich an derartigem Verhalten nicht beteiligt.

Nehmen wir an, du bist auf einen reichen Freund eifersüchtig. Du magst ihn auch nicht, weil er scheinbar ständig mit seinem Reichtum angibt. Vielleicht denkst du auch: „Er ist so reich. Aber was ist mit mir? Ich hoffe, er geht pleite." Solche Gedanken sind böse. Stellen wir uns weiter vor, dass besagter Freund betrogen wurde und an einem Tag alles verloren hat. Wenn du dich dann freust und denkst: „Er hat immer mit seinem Geld angegeben. Das geschieht ihm recht", hast du dich gerade über

Ungerechtigkeit gefreut. Hinzu kommt, dass wenn du dich daran beteiligst, du dich aktiv an der Ungerechtigkeit freust.

Es gibt Ungerechtigkeit im Allgemeinen, die auch Ungläubige als solche verstehen, zum Beispiel wenn jemand auf unehrliche Weise durch Betrug und Drohungen reich wird. Einer verstößt vielleicht gegen das Gesetz in seinem Land und nimmt persönliche Geschenke an. Wenn ein Richter ein ungerechtes Urteil fällt, nachdem er sich hat bestechen lassen, und dadurch ein unschuldiger Mensch bestraft wird, sehen dass alle Leute als ungerecht an, denn dieser Richter hat seine Autorität missbraucht.

Wenn jemand etwas verkauft, kann er bei der Menge oder Qualität betrügen. Er kann billiges oder minderwertiges Material verwenden, um unfair Gewinn zu machen. Er denkt nicht an die anderen, sondern nur an seinen kurzfristigen Nutzen. Er weiß, was recht ist, zögert aber nicht, andere zu übervorteilen, weil er sich über „ungerechtes" Geld freut. Aber wie steht es mit uns? Können wir sagen, wir sind rein?

Nehmen wir an Folgendes passiert: Du bist Beamter und hast erfahren, dass einer deiner guten Freunde mit einem Geschäft illegal viel Geld verdient. Sollte er gefasst werden, würde er hart bestraft. Besagter Freund gibt dir einen großen Betrag, damit du den Mund hältst und es für eine Weile ignorierst. Er verspricht, dir später noch mehr Geld zu geben. Genau zu der Zeit hat deine Familie einen Engpass und du brauchst viel Geld. Was würdest du tun?

Stellen wir uns ein anderes Szenario vor. Du schaust auf deine Auszüge und es ist mehr Geld auf dem Konto als deiner Meinung nach darauf sein sollte. Dann erfährst du, dass der Betrag, der als Steuer abgeführt werden sollte, nicht abgebucht wurde. Wie würdest du in dem Fall reagieren? Würdest du dich freuen und denken: „Es waren ja die anderen, die einen Fehler begangen haben. Das ist doch nicht meine Schuld."

In 2. Chronik 19,7 lesen wir: „So sei denn der Schrecken des HERRN über euch. Habt acht, wie ihr handelt! Denn bei dem HERRN, unserm Gott, ist kein Unrecht, kein Ansehen der Person und kein Annehmen von Geschenken." Gott ist gerecht. In Ihm ist gar kein Unrecht. Was wir tun, bleibt anderen vielleicht verborgen, aber Gott können wir nicht hinters Licht führen. Wir müssen also sowohl in der Furcht des Herrn als auch ehrlich auf den Pfaden der Gerechtigkeit wandeln.

Betrachten wir den Fall von Abraham. Als sein Neffe in Sodom in Kriegsgefangenschaft geriet, befreite Abraham nicht nur seinen Neffen, sondern auch die Leute, die mit ihm gefangen genommen wurden - samt Hab und Gut. Der König von Sodom wollte sich Abraham gegenüber erkenntlich zeigen und ihm etwas von der Beute geben, aber Abraham wollte nichts davon.

> *Da sagte Abram zum König von Sodom: Ich hebe meine Hand auf zu dem HERRN, zu Gott, dem Höchsten, der Himmel und Erde geschaffen hat: Wenn ich vom Faden bis zum Schuhriemen, ja, wenn ich irgendetwas nehme von dem, was dein ist . . .! Damit du später nicht sagst: Ich habe Abram reich gemacht. (1. Mose 14,22-23)*

Als seine Frau Sara starb, bot der Landbesitzer Abraham ein Grab umsonst an, doch er nahm es nicht an. Stattdessen bezahlte er einen fairen Preis. Auf diese Weise wollte er künftigen Streitigkeiten aus dem Weg gehen. Er tat dies, weil er ein ehrlicher Mann war; er wollte keinen unverdienten Nutzen oder ungerechten Gewinn haben. Wenn es ihm ums Geld gegangen wäre, hätte er sich für das entschieden, was ihm Profit gebracht hätte.

Diejenigen, die Gott lieben und von Ihm geliebt werden, fügen niemandem Schaden zu oder brechen das Gesetz des Landes nicht eigennützig. Sie erwarten nicht mehr als das, was ihnen durch ihre ehrliche Arbeit zusteht. Diejenigen, die sich an der Ungerechtigkeit freuen, lieben weder Gott noch ihren Nächsten.

Ungerechtigkeit in Gottes Augen

Die Ungerechtigkeit im Herrn unterscheidet sich etwas von Ungerechtigkeit im Allgemeinen. Es geht nicht nur um Fälle, wo das Gesetz gebrochen oder anderen Schaden zugefügt wird, sondern umfasst alle Sünden, die sich gegen das Wort Gottes richten. Wenn das Böse aus jemandes Herzen auf eine spezifische Weise sichtbar wird, ist es Sünde und damit Ungerechtigkeit. Unter den vielen anderen Sünden bezieht sich Ungerechtigkeit besonders auf die Werke des Fleisches.

Hass, Neid, Eifersucht und andere böse Dinge im Herzen manifestieren sich als Streit, Unfriede, Gewalt, Betrug oder Mord. In der Bibel steht, dass wenn wir ungerecht sind, es schwierig ist, gerettet zu werden.

In 1. Korinther 6,9-10 heißt es: „Oder wisst ihr nicht, dass Ungerechte das Reich Gottes nicht erben werden? Irrt euch nicht! Weder Unzüchtige noch Götzendiener noch Ehebrecher noch Lustknaben noch Knabenschänder noch Diebe noch Habsüchtige noch Trunkenbolde noch Lästerer noch Räuber werden das Reich Gottes erben."

Achan war einer der Menschen, der Ungerechtigkeit liebte und das zerstörte ihn. Er lebte in der zweiten Generation nach dem Auszug aus Ägypten. Seit seiner Kindheit hatte er von seinen Leuten gehört und gesehen, was Gott für Sein Volk getan hatte. Er selbst sah die Wolken- und die Feuersäule, die das Volk Tag und Nacht leitete. Er sah, wie der Jordan aufhörte zu fließen und wie die uneinnehmbare Stadt Jericho in einem Augenblick fiel. Er wusste auch sehr genau über Josuas Befehl Bescheid, nichts aus Jericho mitzunehmen, weil Gott alles geopfert werden sollte.

Doch als er die Dinge sah, die es in Jericho gab, konnte er vor lauter Gier nicht mehr klar denken. Nachdem er sein Leben lang in der trockenen Wüste gelebt hatte, sah das, was er in der Stadt vorfand, für ihn sehr verlockend aus. Als seine Augen auf das schöne Gewand, das Gold und Silber fielen, vergaß er das Wort Gottes und den Befehl Josuas und schaffte Dinge beiseite.

Weil Achan sündigte, indem er Gottes Gebot bracht, musste Israel in der nächsten Schlacht große Verluste einstecken. Durch diese Verluste wurde Achans Ungerechtigkeit offenbar. Er und seine Familie wurden deswegen gesteinigt. So entstand ein Steinhaufen und der Ort wurde Tal Achor genannt.

Schauen wir uns 4. Mose 22-24 an. Bileam war ein Mann, der mit Gott kommunizieren konnte. Eines Tages forderte ihn der König von Moab auf, das Volk Israel zu verfluchen. Da sagte Gott zu Bileam: „Du sollst nicht mit ihnen gehen; du sollst das Volk nicht verfluchen! Denn es ist gesegnet." (4. Mose 22,12)

Nachdem Gott zu ihm gesprochen hatte, weigerte sich Bileam,

auf die Anordnung des moabitischen Königs einzugehen. Doch als der König ihm Gold, Silber und andere Schätze sandte, ließ er sich davon beeindrucken. Am Ende war er so davon geblendet, dass er dem König beibrachte, wie er dem Volk Israel eine Falle stellen konnte. Was war das Ergebnis? Die Söhne Israels aßen Fleisch, das Götzen geopfert worden war und begingen Ehebruch, was eine große Bedrängnis nach sich zog. Bileam wurde schließlich mit dem Schwert getötet. Der Grund? Er liebte ungerechten Lohn.

Ungerechtigkeit ist in Gottes Augen unmittelbar mit Errettung verbunden. Was sollten wir tun, wenn wir sehen, wie ein Bruder oder eine Schwester im Herrn Ungerechtigkeiten begeht, wie es Ungläubige in der Welt tun? Natürlich muss uns das betrüben. Wir müssen für sie beten und ihnen helfen, gemäß dem Wort zu leben. Doch mancher Gläubige wird neidisch und denkt: „Ich will auch wie sie ein leichteres, bequemeres Leben als Christ führen." Wenn du dich daran beteiligst, kannst du nicht sagen, dass du den Herrn liebst.

Jesus war unschuldig, doch Er starb für uns, die wir ungerecht waren, um uns zu Gott zu bringen (1. Petrus 3,18). Wenn uns diese große Liebe Gottes klar wird, dürfen wir uns nie über Ungerechtigkeit freuen. Diejenigen, die sich nicht über Ungerechtigkeit freuen, vermeiden es nicht nur, Ungerechtigkeit zu praktizieren, sondern sie leben aktiv gemäß dem Wort Gottes. So werden sie zu Freunden des Herrn und führen ein reich gesegnetes Leben (Johannes 15,14).

11. Liebe freut sich mit der Wahrheit

Johannes, einer der zwölf Jünger Jesu, wurde vor dem Märtyrertod gerettet und starb erst, nachdem er das Evangelium Jesu Christi und den Willen Gottes bis ins hohe Alter verbreitet hatte. Etwas, was er am Ende seines Lebens gerne tat, war zu hören, dass die Gläubigen versuchten, gemäß dem Wort Gottes, der Wahrheit, zu leben.

Er schrieb: „Denn ich habe mich sehr gefreut, als Brüder kamen und für deine Wahrheit Zeugnis gaben, wie du in der Wahrheit wandelst. Eine größere Freude habe ich nicht als dies, dass ich höre, dass meine Kinder in der Wahrheit wandeln." (3. Johannes 1,3-4)

Wir erkennen, wie viel Freude es ihm bereitete, wenn wir lesen „ich habe mich sehr gefreut". In der Vergangenheit war er ein Hitzkopf und wurde als junger Mann sogar „Donnersohn" genannt, doch nachdem er sich verändert hatte, wurde er als „Apostel der Liebe" bezeichnet.

Wenn wir Gott lieben, praktizieren wir keine Ungerechtigkeit; stattdessen wandeln wir in der Wahrheit. Wir freuen uns auch mit der Wahrheit. Mit „Wahrheit" ist hier Jesus Christus gemeint ebenso wie das Evangelium und alle 66 Bücher der Bibel. Diejenigen, die Gott lieben und von Ihm geliebt werden, werden sich definitiv mit Jesus Christus und dem Evangelium freuen. Sie freuen sich, wenn das Königreich Gottes wächst. Aber was genau bedeutet es, „sich an der Wahrheit zu freuen"?

Erstens: Freue dich über das „Evangelium".

„Evangelium" heißt „Gute Botschaft" und bedeutet, dass wir durch Jesus Christus gerettet sind und ins himmlische Königreich kommen. Viele Menschen suchen nach der Wahrheit und stellen Fragen wie: „Was ist der Sinn des Lebens? Was ist der Wert des Lebens?" Um Antworten für diese Fragen zu finden, studieren sie Ideen und Philosophien oder sie probieren verschiedene Religionen aus. Doch Jesus Christus ist die Wahrheit und niemand kommt ohne Ihn in den Himmel. Darum sagte Jesus: „Ich bin der Weg und die Wahrheit und das Leben. Niemand kommt zum Vater als nur durch mich." (Johannes 14,6)

Wir haben die Errettung empfangen und das ewige Leben gewonnen, als wir Jesus Christus angenommen haben. Unsere Sünden sind durch das Blut des Herrn vergeben und wir kommen nicht mehr in die Hölle, sondern in den Himmel. Jetzt verstehen wir den Sinn und Wert des Lebens. Darum ist es nur natürlich, dass wir uns über das Evangelium freuen. Diejenigen, die sich über die Gute Botschaft freuen werden sie auch fleißig an andere weitergeben. Sie werden die ihnen von Gott übertragenen Aufgaben erfüllen und das Evangelium treu verbreiten. Außerdem freuen sie sich, wenn Menschen die Gute Botschaft hören und gerettet werden, indem sie den Herrn annehmen. Sie freuen sich, wenn das Königreich Gottes vergrößert wird: „[Gott] will, dass alle Menschen gerettet werden und zur Erkenntnis der Wahrheit kommen." (1. Timotheus 2,4)

Es gibt allerdings einige Gläubige, die auf andere eifersüchtig sind, wenn sie viele Menschen evangelisieren und großartige Früchte tragen. Manche Kirchen sind auf andere Gemeinden eifersüchtig, wenn diese wachsen und Gott die Ehre geben. Sie freuen sich also nicht an der Wahrheit. Wenn wir geistliche Liebe in unserem Herzen haben, freuen wir uns, wenn wir sehen, wie im Königreich Gottes Großartiges erreicht wird. Wir freuen uns mit, wenn wir erfahren, dass eine Gemeinde wächst und von Gott geliebt wird. Das ist die Definition dessen, was es bedeutet, sich mit dem Evangelium, der Wahrheit, zu freuen.

Zweitens: „Sich an der Wahrheit zu freuen" bedeutet, sich über alles zu freuen, was zur Wahrheit gehört.

Sich an der Wahrheit zu freuen bedeutet, die Dinge zu sehen, zu hören und zu tun, die zur Wahrheit gehören, wie zum Beispiel Güte, Liebe und Gerechtigkeit. Wenn diejenigen, die sich an der Wahrheit freuen, von kleinen guten Taten hören, sind sie angerührt und ihnen kommen die Tränen. Sie bekennen, dass das Wort Gottes die Wahrheit und süßer als Honig und Honigwaben ist. Sie freuen sich über Predigten, die sie anhören, und wenn sie die Bibel lesen. Außerdem freuen sie sich, wenn sie das Wort Gottes in die Praxis umsetzen. Voller Freude gehorchen sie Gottes Wort, in dem es heißt, dass sie dienen, Verständnis zeigen und selbst denen vergeben sollen, die ihnen das Leben schwer machen.

David liebte Gott und wollte einen Tempel für Ihn bauen. Doch Gott ließ ihn das nicht tun. Der Grund dafür steht in 1. Chronik 28,3: „Du sollst meinem Namen kein Haus bauen! Denn du bist ein Mann der Kriege und hast Blut fließen lassen." Es war unvermeidbar, dass David Blut vergoss, denn er diente jahrelang im Heer. Dennoch war er in Gottes Augen für dieses Bauprojekt nicht qualifiziert.

So durfte David selbst den Tempel nicht bauen, doch er ließ das Baumaterial für seinen Sohn Salomo zusammentragen. David bereitete alles Material mit seiner ganzen Kraft vor und das allein machte ihn überglücklich. „Und das Volk freute sich über ihre Bereitwilligkeit, denn mit ungeteiltem Herzen zeigten sie sich bereitwillig für den HERRN; und auch der König David freute sich mit großer Freude." (1. Chronik 29,9)

Ebenso sind Menschen, die sich an der Wahrheit freuen, glücklich, wenn es anderen Leuten gut geht. Sie sind nicht eifersüchtig. Für sie ist es unvorstellbar, etwas so Böses zu denken wie: „Bei dieser Person sollte etwas schief laufen". Auch wären sie nie zufrieden, wenn andere Leute unglücklich sind. Wenn sie sehen, dass Ungerechtigkeit passiert, betrübt sie das. Und diejenigen, die sich an der Wahrheit freuen, lieben mit Güte, mit unveränderlichem Herzen, mit Wahrhaftigkeit und Integrität. Sie freuen sich an guten Worten und Werken. Und Gott freut sich über sie und jubelt laut, wie wir in Zefanja 3,17 lesen: „Der HERR, dein Gott, ist in deiner Mitte, ein Held, der rettet; er freut sich über dich in Fröhlichkeit, er schweigt in seiner Liebe, er jauchzt über dich mit Jubel."

Auch wenn du dich nicht die ganze Zeit an der Wahrheit freuen kannst, brauchst du nicht aufzugeben oder enttäuscht zu sein. Gib dein Bestes. Der Gott der Liebe sieht, wie du dich bemühst, dich „an der Wahrheit zu freuen".

Drittens: „Sich an der Wahrheit zu freuen" bedeutet, an das Wort Gottes zu glauben und es in die Tat umzusetzen.

Es kommt selten vor, dass sich jemand von Anfang an nur an der Wahrheit freut. Solange jemand Finsternis und Unwahrheiten in sich hat, kann er an böse Dinge denken und sich auch über Ungerechtigkeiten freuen. Doch wenn wir uns Stück für Stück verändern und alle Unwahrheiten aus dem Herzen entfernen, können wir uns vollkommen an der Wahrheit freuen. Bis dahin müssen wir uns eifrig darum bemühen.

Beispielsweise ist nicht jeder froh, wenn er in den Gottesdienst gehen soll. Frisch bekehrte Christen oder Leute, die im Glauben schwach sind, sind vielleicht müde oder nicht mit Herz und Verstand dabei. Vielleicht denken sie an die Sportergebnisse oder sind wegen einem Geschäftstermin am nächsten Tag unruhig. Doch dass sie in die Gemeinde kommen und am Gottesdienst teilnehmen, zeigt, dass sie sich bemühen, dem Wort Gottes zu gehorchen. Es ist ein Anzeichen dafür, dass sie sich an der Wahrheit freuen. Warum versuchen wir das? Weil wir gerettet werden und in den Himmel kommen wollen. Weil wir das Wort der Wahrheit gehört haben und an Gott glauben, glauben wir auch an das Gericht und dass Himmel und Hölle existieren. Wir wissen, dass es im Himmel verschiedene Belohnungen gibt und so bemühen wir uns, geheiligt zu werden und im Hause Gottes treu mitzuarbeiten. Vielleicht freuen wir uns noch nicht hundert Prozent an der Wahrheit, aber wenn wir gemäß unserem Maß des Glaubens unser Bestes geben, freuen wir uns dennoch bereits an der Wahrheit.

Nach der Wahrheit hungern und dürsten

Eigentlich sollte es für uns normal sein, dass wir uns an der Wahrheit freuen. Allein die Wahrheit kann uns das ewige Leben schenken und uns vollkommen verändern. Wenn wir die Wahrheit, das heißt das Evangelium, hören und es praktizieren, empfangen wir das ewige Leben und werden zu echten Kindern Gottes. Da wir mit der Hoffnung auf das himmlische Königreich und mit geistlicher Liebe erfüllt sind, strahlen unsere Gesichter voller Freude. Und in dem Maße, in dem wir durch die Wahrheit verwandelt werden, sind wir glücklich, weil wir uns von Gott geliebt wissen, gesegnet sind und weil uns auch viele andere Menschen lieben.

Wir sollten uns allezeit an der Wahrheit freuen und außerdem nach der Wahrheit hungern und dürsten. Wenn du Hunger und Durst hast, willst du wirklich etwas essen und trinken. Wenn wir uns nach der Wahrheit sehnen, müssen wir das ernsthaft tun, so dass wir rasch in einen Mann oder eine Frau der Wahrheit verwandelt werden. Wir müssen ein Leben führen, in dem wir immer die Wahrheit essen und trinken. Aber was bedeutet es, „die Wahrheit zu essen und zu trinken"? Es bedeutet, das Wort Gottes, also die Wahrheit, in unserem Herzen zu bewahren und in die Tat umzusetzen.

Wenn wir vor jemandem stehen, den wir sehr lieben, ist es schwierig, das Glück, das wir empfinden, nicht mit unserem Gesicht zu zeigen. Das Gleiche gilt, wenn wir Gott lieben. Im Moment können wir nicht von Angesicht zu Angesicht vor Gott stehen, aber wenn wir Gott wirklich lieben, erkennen es andere Menschen. Wenn wir also etwas über die Wahrheit sehen oder hören, werden wir froh und glücklich sein. Den Menschen um uns herum wird nicht entgehen, dass wir glücklich aussehen. Uns werden Tränen der Dankbarkeit in die Augen schießen, wenn wir an Gott und den Herrn Jesus denken und selbst geringe Ausdrucksformen von Güte berühren unser Herz.

Tränen der Güte, wie zum Beispiel aus Dankbarkeit vergossen werden oder aus Trauer um andere Seelen, werden später als wunderschöne Juwelen zum Dekorieren unserer Häuser im Himmel verwendet. So wollen wir uns an der Wahrheit freuen, damit unser Leben voller Beweise dafür ist, dass wir von Gott geliebt werden.

Eigenschaften geistlicher Liebe II

6. Sie benimmt sich nicht unanständig

7. Sie sucht nicht das Ihre

8. Sie lässt sich nicht erbittern

9. Sie rechnet Böses nicht zu

10. Sie freut sich nicht über die Ungerechtigkeit

11. Sie freut sich mit der Wahrheit

12. Liebe erträgt alles

Wenn wir Jesus Christus annehmen und versuchen, nach dem Wort Gottes zu leben, gibt es viele Dinge, die wir ertragen müssen. Wir müssen Situationen ertragen, in denen wir provoziert werden. Auch müssen wir angesichts unserer Neigung, unseren eigenen Wünschen zu folgen, Selbstbeherrschung üben. Darum ist auch die erstgenannte Eigenschaft der Liebe die Geduld.

Geduldig zu sein, beschreibt den inneren Kampf, den jemand durchmacht, wenn er versucht, Unwahrheiten aus seinem Herzen zu entfernen. „Alles zu ertragen" bedeutet noch mehr. Nachdem wir die Wahrheit geduldig in unserem Herzen kultiviert haben, müssen wir all die Schmerzen ertragen, die wir wegen anderer Leute leiden. Genauer gesagt heißt das, dass wir alle Dinge, die nicht der geistlichen Liebe entsprechen, ertragen müssen.

Jesus kam auf die Erde, um Sünder zu retten. Aber wie behandelten Ihn die Leute? Er tat nur Gutes, doch die Menschen verspotteten und missachteten Ihn. Am Ende kreuzigten sie Ihn. Dennoch ertrug Jesus all das und betete ständig für die Menschheit. Beispielsweise sagte Er: „Vater, vergib ihnen! Denn sie wissen nicht, was sie tun." (Lukas 23,34)

Was ergab sich daraus, dass Jesus alles ertrug und die Menschen liebte? Alle, die Jesus als ihren persönlichen Retter annehmen, können nun erlöst und somit Kinder Gottes werden. Wir sind vom Tod befreit worden und haben das ewige Leben begonnen.

In Korea gibt es ein Sprichwort, in dem es heißt: „Zermahle

eine Axt, um eine Nadel zu bekommen." Damit soll ausgedrückt werden, dass wir mit Geduld und Ausdauer alle möglichen schwierigen Aufgaben bewältigen können. Wie viel Zeit und Mühe würde es wohl kosten, um eine Axt zu zermahlen, um eine Nadel herzustellen? Es scheint eine unmögliche Aufgabe zu sein und man fragt sich vielleicht: „Warum verkaufst du die Axt nicht und kaufst dir einfach ein paar Nadeln?"

Doch Gott nahm die Mühe auf sich, denn Er ist der Herr über unseren Geist. Gott ist „langsam zum Zorn" und sehr geduldig mit uns, Er ist barmherzig und gnädig, einfach weil Er uns liebt. Er beschneidet und poliert die Menschen, auch wenn ihre Herzen so hart wie Stahl sind. Er wartet darauf, dass alle Seine wahren Kinder werden, selbst bei denen, wo die Chancen scheinbar sehr schlecht stehen.

[E]in geknicktes Rohr wird er nicht zerbrechen, und einen glimmenden Docht wird er nicht auslöschen, bis er das Recht hinausführe zum Sieg. (Matthäus 12,20)

Auch heute noch erträgt Gott all den Schmerz, den Er empfindet, wenn Er sieht, wie die Menschen handeln; Er wartet auf uns - voller Freude. Schon lange ist Er mit den Menschen geduldig und wartet darauf, dass sie sich ändern, auch wenn sie seit Tausenden von Jahren böse handeln. Obwohl sie Ihm den Rücken gekehrt und Götzen gedient haben, hat Er ihnen demonstriert, dass Er der wahre Gott ist, und Er erträgt die Menschen treu im Glauben. Wenn Gott sagen würde: „Ihr seid voller Ungerechtigkeit und hilflos. Ich kann euch nicht mehr ertragen", wie viele Menschen könnten dann gerettet werden?

Doch wie wir in Jeremia 31,3 lesen: „Ja, mit ewiger Liebe habe ich dich geliebt; darum habe ich dir meine Güte bewahrt", so zieht Gott uns mit Seiner ewigen, endlosen Liebe zu sich.

In meinem Dienst als Pastor einer großen Gemeinde habe ich zu einem gewissen Maß erkannt, wie geduldig Gott ist. Es gab Menschen, die viele Sünden oder Fehler hatten, doch weil ich das Herz Gottes spüren konnte, habe ich sie immer mit den Augen des Glaubens angeschaut und gehofft, dass sie sich eines Tages ändern und Gott die Ehre geben würden. Da ich immer wieder geduldig mit ihnen und voller Glauben war, haben sich viele Gemeindemitglieder zu guten Leitern entwickelt.

In jedem Fall habe ich bald wieder vergessen, wie lange ich geduldig sein musste und hatte den Eindruck, es sei nur ein Augenblick gewesen. In 2. Petrus 3,8 steht geschrieben: „Dies eine aber sei euch nicht verborgen, Geliebte, dass beim Herrn ein Tag ist wie tausend Jahre und tausend Jahre wie ein Tag" und mir ist klar geworden, was dieser Vers bedeutet. Gott erträgt alles für eine solch lange Zeit, doch Er betrachtet diese Zeiten als würden sie bloß einen Augenblick lang anhalten. Wir wollen uns diese Liebe Gottes vor Augen führen und damit alle Menschen um uns herum lieben.

13. Liebe hofft alles

Wenn du jemanden wirklich liebst, glaubst du alles von dieser Person. Selbst wenn die Person einige Fehler hat, wirst du dennoch versuchen, ihr zu glauben. Ein Mann und seine Ehefrau sind durch Liebe miteinander verbunden. Wenn ein Ehepaar sich nicht liebt, bedeutet das, dass sich beide Partner nicht vertrauen. So streiten sie sich über alles und zweifeln bezüglich ihres Ehepartners alles an. In schweren Fällen bilden sie sich ein, dass der andere untreu ist und sie verursachen beim anderen körperlichen und geistlichen Schmerz. Doch wenn sie sich wirklich lieben, vertrauen sie einander vollkommen und glauben, dass ihr Ehepartner ein guter Mensch ist und dass er die Dinge eines Tages meistern wird. Und gemäß ihrem Glauben wird der Ehepartner in seinem Bereich hervorragend und hat bei dem, was er tut, Erfolg.

Vertrauen oder Glauben können als Maßstab für die Stärke der Liebe verwendet werden. Wenn wir Gott vollkommen glauben, dann bedeutet das im Endeffekt, dass wir Ihn vollkommen lieben. Abraham, der Vater des Glaubens, wurde als Freund Gottes bezeichnet. Ohne zu zögern gehorchte er dem Befehl Gottes, seinen Sohn Isaak zu opfern. Er konnte das tun, weil er Gott vollkommen glaubte. Gott sah den Glauben Abrahams und erkannte seine Liebe.

Liebe bedeutet zu glauben. Diejenigen, die Gott vollkommen lieben, glauben Ihm auch vollkommen. Sie glauben alle Worte Gottes zu hundert Prozent. Und weil sie alles glauben, ertragen sie alles. Um alles zu ertragen, was gegen die Liebe ist, muss man glauben. Das heißt, nur wenn wir alle Worte Gottes glauben, können wir alles erhoffen und unser Herz beschneiden, um alles abzulegen, was gegen die Liebe ist.

Streng genommen ist es nicht so, dass wir Gott geglaubt haben, weil wir Ihn von Anfang an geliebt haben. Gott hat uns zuerst geliebt! Und weil wir diese Tatsache geglaubt haben, haben wir angefangen, Gott zu lieben. Wie hat uns Gott geliebt? Er hat Seinen einzigen Sohn freigebig für uns, die wir Sünder waren, geopfert und den Weg für unsere Errettung gebahnt.

Zunächst fangen wir an, Gott zu lieben, weil wir diese Tatsache glauben, aber wenn wir die geistliche Liebe vollkommen kultivieren, erreichen wir eine Ebene, auf der wir vollkommen glauben, weil wir lieben. Geistliche Liebe vollkommen zu kultivieren heißt, dass wir bereits alle Unwahrheiten des Herzens abgelegt haben. Wenn wir keine Unwahrheiten mehr im Herzen haben, wird uns von oben geistlicher Glaube gegeben, mit dem wir aus tiefstem Herzen glauben können. Dann zweifeln wir das Wort Gottes nie mehr an und unser Vertrauen auf Gott kann nicht erschüttert werden. Und wenn wir geistliche Liebe vollkommen kultivieren, glauben wir allen Menschen. Nicht weil sie alle vertrauenswürdig wären, sondern selbst wenn sie voller Sünden sind und viele Fehler haben, betrachten wir sie mit den Augen des Glaubens.

Wir sollten bereit sein, jedem zu glauben. Wir müssen auch an uns selbst glauben. Sogar wenn wir viele Fehler haben, müssen wir an den Gott glauben, der uns verändern wird, und wir müssen uns selbst mit Augen des Glaubens, dass wir uns bald ändern werden, ansehen. Der Heilige Geist spricht immer zu unseren Herzen:

„Du kannst das. Ich werde dir helfen." Wenn du das glaubst und bekennst: „Ich kann es gut. Ich kann mich verändern", dann wird Gott dir helfen, es gemäß deiner Proklamation und deinem Glauben zu bewirken. Wie wunderbar ist es doch zu glauben! Gott glaubt auch an uns. Er glaubte, dass jeder von uns Seine Liebe erkennen und den Weg zur Errettung finden würde. Weil Er uns alle mit den Augen des Glaubens betrachtete, opferte Er seinen einzigen Sohn, Jesus, am Kreuz für uns. Gott glaubt, dass selbst die, die den Herrn noch nicht kennen oder an Ihn glauben, noch gerettet und auf Seine Seite überwechseln werden. Er glaubt, dass diejenigen, die den Herrn bereits angenommen haben, in Seine Kinder verwandelt werden, die Ihm sehr ähnlich sind. Lasst uns mit dieser Liebe Gottes an die Menschen glauben.

14. Liebe hofft alles

Es heißt, auf einem der Grabsteine an der Westminster Abbey in Großbritannien stehe geschrieben: „In meiner Jugend wollte ich die Welt verändern, konnte es aber nicht. In der Mitte meines Lebens wollte ich meine Familie verändern, konnte es aber nicht. Er kurz vor meinem Tod wurde mir klar, dass ich all das hätte verändern können, wenn ich mich geändert hätte."

Gewöhnlich versuchen Menschen, jemand anderen zu ändern, wenn ihnen an demjenigen etwas nicht gefällt. Doch es ist nahezu unmöglich, andere Menschen zu verändern. Manche Ehepaare streiten sich über unwichtige Dinge wie darüber, ob man die Zahnpastatube oben oder unten drückt. Zuerst sollten wir uns ändern, bevor wir es bei jemand anderem versuchen. Anschließend können wir mit Liebe und voller Hoffnung darauf warten, dass der andere sich ändert.

Auf „alles zu hoffen" bedeutet, dich danach zu sehnen und darauf zu hoffen, dass alles, was du glaubst, eintritt. Anders ausgedrückt: Wenn wir Gott lieben, glauben wir jedes Wort Gottes und hoffen, dass alles nach Seinem Wort geschehen wird. Du hoffst auf den Tag, von dem an du die Liebe von Gott dem Vater in Seinem wunderschönen himmlischen Königreich bis in alle Ewigkeit genießen wirst. Darum wirst du alles ertragen und den Wettlauf des Glaubens laufen. Aber was, wenn es keine Hoffnung gäbe?

Diejenigen, die nicht an Gott glauben, können keine Hoffnung auf das himmlische Königreich haben. Darum richten sie ihr Leben ausschließlich nach ihren eigenen Wünschen, denn sie haben keine Hoffnung auf die Zukunft. Sie strecken sich nach mehr aus und kämpfen dafür, ihre Gier zu befriedigen. Doch egal, wie viel sie haben und genießen, wirklich zufrieden sind sie nie. Ihr Leben ist von Zukunftsängsten geprägt. Dagegen hoffen die, die an Gott glauben, alles und schlagen deshalb den schmalen Weg ein. Warum sprechen wir von einem „schmalen Weg"? Schmal ist er nur in den Augen der Ungläubigen. Wenn wir Jesus Christus annehmen und Kinder Gottes werden, bleiben wir sonntags den ganzen Tag in der Gemeinde und besuchen die Gottesdienste, ohne uns irgendwelcher weltlichen Vergnügen zu erfreuen. Wir arbeiten als freiwillige Helfer für das Königreich Gottes und beten, dass wir gemäß dem Wort Gottes leben. Das ist ohne Glauben schwierig und darum spricht man von dem schmalen Weg.

In 1. Korinther 15,19 sagt der Apostel Paulus: „Wenn wir allein in diesem Leben auf Christus gehofft haben, so sind wir die elendesten von allen Menschen." Aus der Warte von fleischlichen Augen scheint ein Leben, in dem man alles erträgt und fleißig arbeitet, belastend zu sein. Doch wenn wir alles hoffen, dann ist ein solcher Lebensstil glücklicher als der andere. Wenn wir mit denen zusammen sind, die wir sehr lieben, sind wir selbst in einem schäbigen Haus glücklich. Und wie froh macht es uns, wenn wir an die Tatsache denken, dass wir eines Tages mit unserem wunderbaren Herrn im Himmel sein werden - für immer! Allein darüber nachzudenken macht uns froh und glücklich. Mit dieser von Liebe geprägten Einstellung warten und hoffen wir unerschütterlich, bis alles, was wir glauben, wahr wird.

Sich im Glauben auf alles zu freuen, ist mächtig. Sagen wir mal, einer deiner Söhne ist auf Abwege geraten und lernt überhaupt nicht für die Schule. Selbst ein solcher Sohn kann sich jederzeit in einen guten Sohn verwandeln. Wie? Du brauchst nur an ihn zu glauben, ihm zuzusprechen, dass er es schaffen kann, und ihn mit Augen der Hoffnung, dass er sich verändern wird, betrachten.

Das Gleiche gilt, wenn wir uns um Seelen in der Gemeinde kümmern. In beiden Fällen dürfen wir über niemanden voreilige Schlüsse ziehen. Wir sollten uns nicht entmutigen lassen und denken, dass es für so jemanden sehr schwer sei, sich zu verändern oder dass er immer noch derselbe ist. Wir müssen alle Leute mit der Hoffnung anschauen, dass sie sich bald verändern und in Anbetracht der Liebe Gottes schmelzen werden. Wir müssen weiter für sie beten, sie ermutigen und ihnen sagen: „Du kannst das!"

15. Liebe erduldet alles

In 1. Korinther 13,7 heißt es: „[Die Liebe] erträgt alles, sie glaubt alles, sie hofft alles, sie erduldet alles." Wenn du liebst, kannst du alles erdulden. Aber was bedeutet „erdulden"? Wenn wir alles, was nicht mit der Liebe in Einklang steht, ertragen, hat das Nachwirkungen. Wenn Wind über einen See oder ein Meer geht, schlägt das Wasser Wellen. Selbst nachdem der Wind sich beruhigt hat, bleiben immer noch ein paar kleine Wellen übrig. Auch wenn wir alles erdulden, ist das nicht gleich das Ende. Es wird noch Nachwirkungen und Folgeerscheinungen davon geben.

Jesus sagte zum Beispiel in Matthäus 5,39: „Ich aber sage euch: Widersteht nicht dem Bösen, sondern wenn jemand dich auf deine rechte Backe schlagen wird, dem biete auch die andere dar." Also selbst wenn dich jemand auf die rechte Wange schlägt, sollst du nicht zurückschlagen, sondern es einfach erdulden. Ist es dann vorbei? Nein, das hat Nachwirkungen. Du wirst Schmerzen haben, deine Wange wird dir wehtun, aber die Schmerzen im Herzen sind die weitaus größeren. Natürlich gibt es viele Gründe, warum man Herzschmerz hat. Manchen Leuten tut das Herz weh, weil sie meinen, sie seien grundlos geschlagen worden und sie sind deswegen zornig. Andere haben Schmerzen im Herzen, weil es ihnen Leid tut, dass sie jemand anderen wütend gemacht haben. Manchem mag es leidtun, wenn er sieht, dass ein Bruder sich nicht beherrschen kann und zuschlägt, anstatt dass er sich für eine gute Lösung entscheidet, die konstruktiver ist.

Die Nachwirkungen dessen, dass man etwas erduldet, können sich auch durch äußere Umstände manifestieren. Sagen wir, jemand hat dir auf die rechte Wange geschlagen. Du hast ihm die anderen hingehalten - gemäß der Bibel. Dann schlägt der andere dich auch auf die linke Backe. Du hast dich an das Wort gehalten und hast es erduldet, aber die Situation ist eskaliert und das Ganze ist scheinbar nur noch schlimmer geworden.

Das war bei Daniel der Fall. Er ging keine Kompromisse ein, obwohl er wusste, dass er dadurch in der Löwengrube landen würde. Doch weil er Gott liebte, hörte er selbst in lebensbedrohlichen Situationen nicht auf zu beten. Außerdem reagierte er nicht böse auf die, die versuchten, ihn zu töten. Hat sich für ihn damals alles zum Besseren gewendet, weil er gemäß dem Wort Gottes gehandelt hatte? Nein. Er wurde in die Löwengrube gestoßen!

Du denkst vielleicht, dass alle Prüfungen verschwinden sollten, wenn wir alles erdulden, was nicht mit der Liebe in Einklang steht. Aber warum gibt es dann noch Bewährungen? Gott hat sie vorgesehen, um uns perfekt zu machen und erstaunlich zu segnen. Äcker bringen eine reiche, gesunde Ernte ein, wenn sie Regen, Wind und die sengende mittägliche Hitze ertragen. Gottes Vorsehung beinhaltet, dass wir aus Bewährungen als echte Seine Kinder hervorgehen.

Bewährungen sind ein Segen

Der Feind stört das Leben von Gottes Kindern, wenn sie im Licht leben. Satan versucht alles, um die Menschen anzuklagen und wenn sie nur einen kleinen Makel haben, verklagt er sie auch. Ein Beispiel: Jemand tut dir etwas Böses und du erträgst es äußerlich, hegst aber innerlich böse Gefühle. Das weiß der Feind und klagt dich wegen dieser Gefühle an. Dann muss Gott die Bewährung wegen dieser Anklage zulassen. Solange wir nicht bekennen können, dass wir nichts Böses mehr im Herzen haben, gibt es sogenannte Bewährungen, durch die wir geläutert werden sollen. Aber selbst nachdem wir alle Sünden abgelegt haben und vollkommen geheiligt sind, gibt es noch Bewährungen. Diese werden zugelassen, damit wir noch größeren Segen empfangen können. So bleiben wir nicht nur auf der Ebene, wo wir nichts Böses mehr in uns haben, sondern wir kultivieren auf diese Weise noch mehr Liebe und eine vollkommenere Güte, ohne irgendeinen Fehler oder Makel.

Es geht aber nicht nur um persönlichen Segen; das Gleiche gilt, wenn wir versuchen, etwas für das Königreich Gottes zu tun. Bevor Gott etwas Großes bewirken kann, muss ein bestimmtes Maß auf der Waage der Gerechtigkeit erreicht worden sein. Wenn wir großen Glauben demonstrieren und Taten der Liebe vollbringen, müssen wir beweisen, dass wir die Gefäße oder die Kapazität haben, um die Antwort zu empfangen, damit der Feind nichts dagegen vorbringen kann.

Gott lässt manchmal zu, dass wir geprüft werden. Wenn wir Dinge mit Güte und Liebe erdulden, können wir Ihm mehr Ehre geben - für den größeren Sieg. Außerdem gibt Er uns dafür eine größere Belohnung. Das gilt besonders, wenn wir um des Herrn Willen Verfolgung und Elend überwinden. Dafür werden wir definitiv gesegnet. „Glückselig seid ihr, wenn sie euch schmähen und verfolgen und alles Böse lügnerisch gegen euch reden werden um meinetwillen. Freut euch und jubelt, denn euer Lohn ist groß in den Himmeln; denn ebenso haben sie die Propheten verfolgt, die vor euch waren." (Matthäus 5,11-12)

Alles tragen, glauben, hoffen und erdulden

Wenn du - von Liebe geprägt - alles glaubst und hoffst, kannst du jede Prüfung meistern. Wie sollen wir alles glauben, hoffen und erdulden?

Erstens müssen wir bis zum Ende an die Liebe Gottes glauben, selbst während einer Prüfung.

In 1. Petrus 1,7 heißt es: „... damit die Bewährung eures Glaubens viel kostbarer befunden wird als die des vergänglichen Goldes, das durch Feuer erprobt wird, zu Lob und Herrlichkeit und Ehre in der Offenbarung Jesu Christi." Er läutert uns, damit wir dafür qualifiziert sind, Lob, Herrlichkeit und Ehre zu genießen, wenn unser Leben auf der Erde vorbei ist.

Wenn wir - ohne mit der Welt Kompromissen einzugehen - vollkommen gemäß dem Wort Gottes leben, kann es dennoch vorkommen, dass wir ungerechterweise leiden. In solchen Fällen müssen wir immer glauben, dass wir dafür ein besonderes Maß der Liebe Gottes empfangen. Dann lassen wir uns nicht entmutigen, sondern sind dankbar, weil Gott uns an einen besseren Wohnort im Himmel leiten wird. Dafür müssen wir aber bis zum Ende ganz fest an die Liebe Gottes glauben, auch wenn solche Glaubensprüfungen mit Schmerzen einhergehen.

Wenn der Schmerz schlimm ist und lange anhält, kommen uns möglicherweise Gedanken wie: „Warum hilft mir Gott nicht? Liebt Er mich denn nicht mehr?" Doch in solchen Zeiten müssen wir uns klar vor Augen halten, wie sehr Gott uns liebt, damit wir diese Prüfungen ertragen können. Wir müssen glauben, dass Gott der Vater uns an einen schöneren Wohnort im Himmel führen möchte, weil Er uns liebt. Wenn wir bis zum Ende durchhalten, werden wir schließlich perfekte Kinder Gottes sein. „Das Ausharren aber soll ein vollkommenes Werk haben, damit ihr vollkommen und vollendet seid und in nichts Mangel habt." (Jakobus 1,4)

Zweitens: Um alles zu erdulden, müssen wir glauben, dass Prüfungen eine Abkürzung zur Erfüllung unserer Hoffnungen sind.

In Römer 5,3-4 lesen wir: „Nicht allein aber das, sondern wir rühmen uns auch in den Bedrängnissen, da wir wissen, dass die Bedrängnis Ausharren bewirkt, das Ausharren aber Bewährung, die Bewährung aber Hoffnung." Die Bedrängnisse fungieren wie eine Abkürzung zur Erfüllung unserer Hoffnungen. Du denkst vielleicht: „Wann kann ich mich verändern?", aber wenn du durchhältst und dich schrittweise immer weiter veränderst, wirst du zu einem echten, vollkommenen Kind Gottes, das Ihm ähnelt.

Wenn eine Prüfung kommt, solltest du sie also nicht umgehen, sondern versuchen, sie nach bestem Wissen zu meistern. Naturgemäß versucht der Mensch selbstverständlich, den Weg des geringsten Widerstandes zu gehen. Doch wenn wir versuchen, Prüfungen auszuweichen, wird unsere Reise viel länger sein. Sagen wir mal, es gibt jemanden, der dir ständig und in allen Bereichen Probleme verursacht. Du lässt es dir äußerlich nicht anmerken, aber dir ist jedes Mal, wenn du ihm begegnest, unwohl. Du würdest ihm am liebsten aus dem Weg gehen. In dem Fall solltest du nicht nur versuchen, diese Situation zu ignorieren, sondern du musst sie aktiv überwinden. Du musst die Schwierigkeiten, die du mit ihm hast, erdulden und versuchen, ihn zu verstehen und ihm von ganzem Herzen zu vergeben. Dann schenkt Gott dir Gnade und du wirst dich verändern. So wird jede Prüfung zu einem Sprungbrett oder einer Abkürzung auf dem Weg zur Erfüllung deiner Hoffnungen.

Dritten: Um alles zu erdulden, dürfen wir nur Gutes tun.

Wenn Menschen mit den Nachwirkungen konfrontiert sind, selbst nachdem sie alles gemäß dem Wort Gottes erduldet haben, beschweren sie sich meistens über Ihn und sagen beispielsweise: „Warum ändert sich die Situation nicht, obwohl ich gemäß der Bibel gehandelt habe?" Alle Prüfungen des Glaubens werden vom Teufel verursacht. Mit anderen Worten ausgedrückt sind Prüfungen und Bewährungen ein Kampf zwischen Gut und Böse.

Um den Sieg in diesem geistlichen Kampf davonzutragen, müssen wir uns an die Regeln des geistlichen Raumes halten. Im geistlichen Bereich gilt das Gesetz, dass das Gute das Böse am Ende überwindet. In Römer 12,21 steht: „Lass dich nicht vom Bösen überwinden, sondern überwinde das Böse mit dem Guten!" Wenn wir gütig handeln, mag es scheinen, als wären wir in dem Moment auf der Verliererseite, aber das Gegenteil ist der Fall. Der Grund ist, dass unser guter und gerechter Gott Glück und Unglück, Leben und Tod kontrolliert. Darum dürfen wir nur aus der Güte heraus agieren und reagieren, wenn wir uns Prüfungen, Bewährungen und Verfolgung ausgesetzt sehen.

In gewissen Fällen werden Gläubige von ungläubigen

Familienmitgliedern verfolgt. Da mag ein Gläubiger denken: „Warum ist meine Ehepartner so böse?" Dadurch wird die Prüfung nur schlimmer und zieht sich hin. Wie äußert sich die Güte in solch einer Situation? Du musst mit Liebe beten und dem Herrn dienen. Du musst zu dem Licht werden, das in deiner Familie hell leuchtet.

Wenn du ihr nur Gutes tust, wird Gott zur rechten Zeit eingreifen. Er wird den Feind vertreiben und auch die Herzen deiner Angehörigen berühren. Alle Probleme werden gelöst, wenn du gemäß den Regeln Gottes in Güte handelst. Die mächtigste Waffe im geistlichen Kampf ist nicht die Kraft oder Weisheit der Menschen, sondern die Güte Gottes. Lasst uns Dinge also in Güte erdulden und Gutes tun.

Gibt es in deinem Umfeld jemanden, der deiner Meinung nach sehr schwierig ist und den man kaum ertragen kann? Manche Leute begehen ständig Fehler, verursachen Schaden und machen ihren Mitmenschen das Leben schwer. Einige beschweren sich fortwährend und werden wegen Kleinigkeiten sauer. Aber wenn du echte Liebe praktizierst, wird es keinen geben, den du nicht ertragen kannst. Der Grund? Du liebst andere Leute gemäß Jesu Gebot der Nächstliebe wie dich selbst (Matthäus 22,39).

Auch Gott der Vater versteht uns und erduldet uns auf diese Weise. Solange du diese Liebe nicht praktizierst, solltest du wie eine Perlmuschel leben. Wenn ein fremdes Objekt, wie ein Sandkorn, Seetang oder ein Stück von einem Muschelgehäuse in eine Perlmuschel zwischen die Muschel und ihren Körper gerät, wird daraus eine kostbare Perle! Wenn wir geistliche Liebe kultivieren, werden wir durch das Perlentor in das neue Jerusalem einziehen, wo sich Gottes Thron befindet.

Stell dir vor, wie du eines Tages durch eines der Tore aus Perlen gehen wirst und wie du dann über dein Leben auf der Erde denken wirst. Wir sollten vor Gott dem Vater bekennen können: „Danke, dass Du für mich alles ertragen, geglaubt, gehofft und erduldest hast", denn Er wird es gewesen sein, der unser Herz so schön geformt hat wie eine Perle.

Eigenschaften geistlicher Liebe III

12. Sie erträgt alles

13. Sie glaubt alles

14. Sie hofft alles

15. Sie erduldet alles

Die vollkommene Liebe

„Die Liebe vergeht niemals; seien es aber Weissagungen, sie werden weggetan werden; seien es Sprachen, sie werden aufhören; sei es Erkenntnis, sie wird weggetan werden. Denn wir erkennen stückweise, und wir weissagen stückweise; wenn aber das Vollkommene kommt, wird das, was stückweise ist, weggetan werden. Als ich ein Kind war, redete ich wie ein Kind, dachte wie ein Kind, urteilte wie ein Kind; als ich ein Mann wurde, tat ich weg, was kindlich war. Denn wir sehen jetzt mittels eines Spiegels undeutlich, dann aber von Angesicht zu Angesicht. Jetzt erkenne ich stückweise, dann aber werde ich erkennen, wie auch ich erkannt worden bin. Nun aber bleibt Glaube, Hoffnung, Liebe, diese drei; die Größte aber von diesen ist die Liebe."

1. Korinther 13,8-13

Wenn du etwas mit in den Himmel nehmen könntest, was wäre es? Gold? Diamanten? Geld? All das ist im Himmel nutzlos. Im Himmel sind die Straßen, auf denen man geht, aus reinem Gold. Das, was Gott der Vater in den Wohnungen im Himmel vorbereitet hat, ist wunderschön und kostbar. Er kennt unser Herz und hält nur das Beste für uns bereit. Aber eines können wir von der Erde mit in den Himmel nehmen, was auch dort kostbar ist - nämlich die Liebe, die wir auf der Welt in unserem Herzen kultiviert haben.

Auch im Himmel brauchen wir Liebe

Wenn wir am Ende der Menschheitsgeschichte in das himmlische Königreich kommen, wird alles auf der Erde verschwinden (Offenbarung 21,1). In Psalm 103,15 heißt es: „Der Mensch - wie Gras sind seine Tage, wie die Blume des Feldes, so blüht er." Selbst nicht greifbare Dinge wie Wohlstand, Ruhm und Autorität werden verschwinden. Auch alle Sünden und Finsternis, wie Hass, Streit, Neid und Eifersucht, werden vergehen.

Aber in 1. Korinther 13,8-10 heißt es: „Die Liebe vergeht niemals; seien es aber Weissagungen, sie werden weggetan werden; seien es Sprachen, sie werden aufhören; sei es Erkenntnis, sie wird weggetan werden. Denn wir erkennen stückweise, und wir weissagen stückweise; wenn aber das Vollkommene kommt, wird das, was stückweise ist, weggetan werden."

Gaben wie Weissagung, das Zungengebet und die Erkenntnis sind geistliche Dinge. Warum wird es sie nicht mehr geben? Der Himmel befindet sich im geistlichen Raum; es ist ein perfekter Ort. Dort werden wir alles vollkommen erkennen. Auch wenn wir hier klar mit Gott sprechen und weissagen, unterscheidet es sich komplett von dem, wie wir einst in der Zukunft im himmlischen Königreich Dinge verstehen werden. Erst dort werden wir das Herz von Gott dem Vater und vom Herrn wirklich verstehen, so dass Weissagung nicht mehr nötig sein wird.

Das Gleiche gilt für Zungen. Mit „Zungen" sind hier verschiedene Sprachen gemeint. Auf der Erde haben wir viele Sprachen und um mit Leuten reden zu können, die eine andere sprechen, müssen wir ihre Sprache erlernen. Wegen der kulturellen Unterschiede brauchen wir dafür viel Zeit und es kostet uns viel Mühe, unser Herz und unsere Gedanken mitzuteilen. Selbst wenn wir dieselbe Sprache sprechen, können wir die Herzen und Gedanken anderer Menschen nicht vollkommen begreifen. Auch wenn wir sie fließend sprechen und wortgewandt sind, ist es nicht leicht, anderen das, was wir auf dem Herzen haben und denken, zu hundert Prozent zu vermitteln. Durch unsere Worte können Missverständnisse und Streitigkeiten entstehen. Auch bei der Wortwahl machen die Menschen viele Fehler.

Doch wenn wir in den Himmel kommen, brauchen wir uns darüber keine Gedanken mehr zu machen. Dort gibt es nur eine Sprache und somit brauchen wir uns keine Sorgen zu machen, dass wir andere Leute missverstehen könnten. Weil das gute Herz so wie es ist, kommuniziert, kommen weder Missverständnisse noch Vorurteile auf.

So verhält es sich auch mit der Erkenntnis, wobei hier die Erkenntnis vom Wort Gottes gemeint ist. Während wir hier auf der Erde leben, lernen wir Sein Wort fleißig kennen. In den sechsundsechzig Büchern der Bibel erfahren wir, wie man gerettet wird und das ewige Leben empfängt. Wir erfahren etwas über den Willen Gottes, aber es ist nur der Teil, den wir brauchen, um in den Himmel zu kommen.

Zum Beispiel hören, lernen und praktizieren wir Worte wie: „Liebe deinen Nächsten", „sei nicht eifersüchtig", „sei nicht neidisch" und so weiter. Im Himmel gibt es dagegen nur Liebe und deshalb brauchen wir derartiges Wissen dort nicht. Obwohl es sich um geistliche Dinge handelt, werden am Ende Weissagungen, Sprachenrede und Erkenntnis vergehen, weil sie nur auf dieser Welt und nur für eine gewisse Zeit nötig sind.

So ist es hier wichtig, das Wort der Wahrheit zu kennen und die Erkenntnis über den Himmel zu haben, aber noch wichtiger ist es, die Liebe zu praktizieren. In dem Maße, wie wir unser Herz beschneiden und Liebe kultivieren, können wir im Himmel an einem besseren Ort wohnen.

Die Liebe ist für alle Ewigkeit kostbar

Denke einmal an deine erste Liebe zurück. Wie glücklich warst du da! Es heißt, Liebe macht blind. Wenn wir jemanden wirklich lieben, sehen wir nur die guten Seiten der Person und alles auf der Welt ist wunderschön. Die Sonne strahlt heller und wir nehmen Düfte in der Luft wahr. Es gibt Studien, wonach die Teile des Gehirns, die negative und kritisierende Gedanken kontrollieren, weniger aktiv sind, wenn wir uns verliebt haben. Und wenn dein Herz von der Liebe Gottes erfüllt ist, bist du selbst dann glücklich, wenn du nichts zu essen hast. Diese Art von Freude gibt es im Himmel für immer.

Unser Leben auf der Erde ist wie das Leben eines Kindes verglichen mit dem Leben, das wir im Himmel führen werden.

Ein kleines Kind, das gerade erst anfängt zu sprechen, kann nur ein paar Worte wie „Mama" und „Papa" sagen. Es kann vieles noch nicht konkret oder im Detail ausdrücken. Außerdem können Kleinkinder die komplizierten Dinge in der Welt der Erwachsenen noch nicht begreifen. Kinder sprechen, verstehen und denken im Rahmen dessen, was sie wissen und wozu sie fähig sind. Beispielsweise haben sie keine echte Vorstellung über den Wert von Geld. Wenn man ihnen einen Geldschein und eine Münze zeigt, nehmen sie natürlich die Münze, weil sie Münzen kennen. Sie wissen, dass sie etwas wert sind, weil sie damit schon Süßigkeiten oder Eis am Stiel gekauft haben. Dagegen können sie mit einem Geldschein nichts anfangen, weil sie seinen Wert nicht kennen.

So ähnlich verhält es sich mit unserer Erkenntnis über den Himmel, während wir hier auf der Erde leben. Wir wissen, dass der Himmel ein wunderschöner Ort ist, aber es fällt uns schwer, wirklich in Worte zu fassen, wie schön er tatsächlich ist. Im himmlischen Königreich gibt es keine Grenzen, so dass Schönheit in vollstem Umfang Ausdruck findet. Wenn wir in den Himmel kommen, werden wir den grenzenlosen, mysteriösen geistlichen Raum und die Prinzipien, gemäß denen er funktioniert, verstehen. Dies lesen wir in 1. Korinther 13,11: „Als ich ein Kind war, redete ich wie ein Kind, dachte wie ein Kind, urteilte wie ein Kind; als ich ein Mann wurde, tat ich weg, was kindlich war."

Im Königreich der Himmel gibt es weder Finsternis noch Sorgen oder Ängste. Dort existieren nur Güte und Liebe. Darum können wir unsere Liebe ausdrücken und anderen dienen - so viel wir wollen. Darin unterscheiden sich die physische Welt und der geistliche Raum vollkommen voneinander. Selbstverständlich unterscheidet sich das, was einzelne Menschen wissen und denken stark gemäß dem Maß ihres Glaubens.

In 1. Johannes 2 werden die Ebenen des Glaubens unterschieden - und zwar in den Glauben von kleinen und größeren Kindern, von jungen Männern und von Väter. Diejenigen, deren Glaube auf der Ebene von kleinen und größeren Kindern ist, sind geistliche Kinder. Sie können tiefgehende geistliche Dinge noch nicht wirklich verstehen. Sie haben wenig Kraft, um das Wort in die Tat umzusehen. Aber wenn sie junge Männer oder Väter werden, ändern sich ihre Worte, ihr Denken und ihr Handeln. Sie sind fähiger, das Wort Gottes zu praktizieren und sie können Kämpfe gegen die geistlichen Mächte gewinnen. Aber selbst, wenn wir auf der Erde den Glauben von Vätern erreichen, können wir uns dennoch als Kinder bezeichnen, wenn wir das mit dem vergleichen wollen, was wir erleben, wenn wir eines Tages ins himmlische Königreich kommen.

Wir werden die vollkommene Liebe spüren

Die Kindheit ist eine Zeit der Vorbereitung für das Erwachsenenleben und das Leben auf der Erde ist eine Vorbereitung auf das ewige Leben. Diese Welt ist im Vergleich zum ewigen Königreich im Himmel wie ein Schatten, der schnell vergeht. Ein Schatten ist nicht die eigentliche Sache. Anders ausgedrückt ist er nicht das Echte, sondern nur ein Bild, dass dem Original ähnelt.

König David lobte den Herrn vor der ganzen Versammlung und sagte: „Denn wir sind Fremde vor dir und Beisassen wie alle unsere Väter; wie ein Schatten sind unsere Tage auf Erden, und es gibt keine Hoffnung." (1. Chronik 29,15)

Wenn wir den Schatten von etwas betrachten, sehen wir den Umriss des Objektes. Diese physische Welt ist wie ein Schatten, der uns eine kleine Vorstellung über die ewige Welt vermittelt. Wenn der Schatten, der Teil dieser Welt ist, vergeht, wird das eigentliche Objekt klar offenbart werden. Derzeit wissen wir nur vage etwas über den geistlichen Raum, als würden wir in einen trüben Spiegel schauen. Wenn wir ins himmlische Königreich kommen, wird unser Verständnis so klar sein, wie wenn wir es von Angesicht zu Angesicht sehen.

In 1. Korinther 13,12 steht: „Denn wir sehen jetzt mittels eines Spiegels undeutlich, dann aber von Angesicht zu Angesicht. Jetzt erkenne ich stückweise, dann aber werde ich erkennen, wie auch ich erkannt worden bin." Der Apostel Paulus schrieb das Hohelied der Liebe vor rund zweitausend Jahren. Damals waren Spiegel nicht so wie heute. Sie bestanden nicht aus Glas. Stattdessen wurden Silber, Bronze oder Stahl flach gehämmert und auf Hochglanz poliert, so dass sie das Licht reflektierten. Damals waren Spiegel also trübe. Heute sehen manche Menschen das Königreich der Himmel mit offenen geistlichen Augen klarer. Aber dennoch nehmen wir die Schönheit und das Glück im Himmel nur schwach wahr.

Wenn wir später in den Himmel kommen, werden wir jedes Detail des Königreiches klar sehen und spüren können. Wir werden Dinge über die Größe, Macht und Schönheit Gottes lernen, die unbeschreiblich sind.

Unter Glaube, Hoffnung und Liebe ist die Liebe die Größte

Glaube und Hoffnung sind sehr wichtig für das Wachstums unseres Glaubens. Wir können nur gerettet werden und in den Himmel kommen, wenn wir Glauben haben. Allein durch Glauben können wir Kinder Gottes werden. Da wir unsere Errettung, das ewige Leben und das Königreich der Himmel nur durch Glauben erlangen können, ist der Glaube sehr kostbar. Der Schatz aller Schätze ist der Glaube. Der Glaube ist der Schlüssel für das Empfangen von Gebetserhörungen.

Wie verhält es sich mit der Hoffnung? Auch die Hoffnung ist kostbar. Wir ergreifen die schöneren Wohnorte im Himmel durch Hoffnung. Wenn wir Glauben haben, haben wir natürlicherweise auch Hoffnung. Wenn wir definitiv an Gott, den Himmel und die Hölle glauben, haben wir auch die Hoffnung auf den Himmel. Und wenn wir Hoffnung haben, bemühen wir uns, geheiligt zu werden und treu für das Reich Gottes zu arbeiten. Glaube und Hoffnung sind von essentieller Bedeutung bis wir ins Königreich der Himmel kommen. Aber im 1. Korinther 13,12 heißt es, die Liebe sei die Größte. Warum?

Erstens brauchen wir Glaube und Hoffnung nur, während wir auf der Erde leben. Nur geistliche Liebe bleibt für das Königreich der Himmel.

Im Himmel brauchen wir für nichts zu glauben oder darauf zu hoffen, ohne es zu sehen, weil dort alles vor unseren Augen sein wird. Stell dir vor, es gibt jemanden, den du sehr liebst und du hast ihn schon eine Woche lang nicht gesehen - oder vielleicht seit zehn Jahren. Wenn es zehn Jahre her ist, werden wir bei unserer Begegnung viel emotionaler sein. Aber wenn wir ihn dann wieder treffen, vermissen wir ihn dann immer noch?

Das gilt auch für das Leben als Christ. Wenn wir wirklich Glauben haben und Gott lieben, wird unsere Hoffnung im Laufe der Zeit wachsen, weil unser Glaube wächst. Wir werden den Herrn immer mehr vermissen. Jemand, der von dieser Hoffnung auf den Himmel erfüllt ist, wird nicht sagen, es sei schwer, auch wenn er auf der Erde den schmalen Weg einschlägt. Des Weiteren wird er sich nicht von Versuchungen verführen lassen. Wenn wir am Ende am Ziel, das heißt im himmlischen Königreich, ankommen, brauchen wir weder Glaube noch Hoffnung. Dagegen gibt es die Liebe im Himmel für immer und darum steht in der Bibel, dass die Liebe die Größte ist.

Zweitens: Wir können den Himmel mit Glauben empfangen, aber ohne Liebe können wir nicht an den schönsten Orten im Himmel, dem neuen Jerusalem, leben.

Wir können das Königreich mit Gewalt an uns reißen - und zwar in dem Maße, in dem wir im Glauben und aus Hoffnung agieren. In dem Maße, wie wir gemäß dem Wort leben, Sünden ablegen und ein schönes Herz entwickeln, bekommen wir geistlichen Glauben und gemäß unserem geistlichen Glauben werden wir im Himmel an verschiedenen Orten wohnen - im Paradies, im ersten, zweiten oder dritten Himmel oder aber im neuen Jerusalem.

Das Paradies ist für diejenigen, die nur Glauben haben, um gerettet zu werden, indem sie Jesus Christus annehmen. Es bedeutet, sie haben nichts für das Königreich Gottes getan. Das erste Königreich der Himmel ist für die, die versucht haben, gemäß dem Wort Gottes zu leben, nachdem sie Jesus Christus akzeptiert haben. Es ist viel schöner als das Paradies. Das zweite Königreich der Himmel ist für die, die gemäß ihrer Liebe für Gott nach Seinem Wort gelebt haben und in Seinem Reich treu waren. Das dritte Königreich der Himmel ist für die, die Gott in höchstem Maße geliebt und alles Böse abgelegt haben und geheiligt worden sind. Und das neue Jerusalem ist für die, einen Glauben haben, der Gott gefällt, und die in Seinem Haus in allem treu waren.

Das neue Jerusalem ist ein Wohnort im Himmel für die Kinder Gottes, die im Glauben eine vollkommene Liebe praktiziert haben, die so klar wie Kristall. Tatsache ist, dass nur Jesus Christus, der Sohn Gottes, dafür qualifiziert ist, ins neue Jerusalem zu gehen. Doch auch wir, Seine Geschöpfe, können uns dafür qualifizieren, wenn wir durch das kostbare Blut Jesu Christi gerecht gesprochen wurden und perfekten Glauben besitzen.

Um dem Herrn ähnlich zu sein und im neuen Jerusalem zu wohnen, müssen wir den Weg nehmen, den der Herr nahm - nämlich den Weg der Liebe. Nur mit dieser Liebe können wir die neun Früchte des Heiligen Geistes und der Seligpreisungen tragen, um als echte Kinder Gottes zu zählen, die den Charakter des Herrn haben. Wenn wir uns als echte Kinder Gottes qualifiziert haben, empfangen wir auf der Erde alles, worum wir bitten, und wir werden das Vorrecht haben, im Himmel für immer mit dem Herrn zu wandeln. Wir können also in den Himmel kommen, wenn wir Glauben haben und wenn wir Hoffnung haben, wir können alle Sünden abwerfen. Deshalb sind Glaube und Hoffnung gewiss notwendig, aber die Liebe ist die Größte, denn wir können nur dann ins neue Jerusalem einziehen, wenn wir Liebe haben.

Liebe ist die Erfüllung des Gesetzes

Seid niemand irgendetwas schuldig, als nur einander zu lieben! Denn wer den anderen liebt, hat das Gesetz erfüllt. Denn das: „Du sollst nicht ehebrechen, du sollst nicht töten, du sollst nicht stehlen, du sollst nicht begehren", und wenn es ein anderes Gebot gibt, ist in diesem Wort zusammengefasst: „Du sollst deinen Nächsten lieben wie dich selbst." Die Liebe tut dem Nächsten nichts Böses. Die Erfüllung des Gesetzes ist also die Liebe.

Römer 13,8-10

Teil 3
Liebe ist die Erfüllung des Gesetzes

Kapitel 1 : Die Liebe Gottes

Kapitel 2 : Die Liebe Christi

Die Liebe Gottes

„Und wir haben erkannt und geglaubt die Liebe, die Gott zu uns hat. Gott ist Liebe, und wer in der Liebe bleibt, bleibt in Gott und Gott bleibt in ihm."

1. Johannes 4,16

Während Jim Elliot mit den Ketschua-Indianern arbeitete, bereitete er sich darauf vor, zu den Waorani zu gehen, die für ihre Gewaltbereitschaft bekannt waren. Er und vier weitere Missionare, Ed McCully, Roger Youderian, Peter Fleming und ihr Pilot Nate Saint, kontaktierten die Waorani von ihrem Flugzeug aus über einen Lautsprecher und warfen einen Korb mit Geschenken ab. Einige Monate später beschlossen die Männer, unweit des Indianerstammes entlang des Curaray River einen Stützpunkt einzurichten. Dorthin kamen mehrfach verschiedene kleine Gruppen von Waorani-Indianern. Sie ließen einen neugierigen Waorani, den sie „George" nannten (sein eigentlicher Name war Naenkiwi) mit dem Flugzeug mitfliegen. Durch diese freundlichen Begegnungen ermutigt planten sie, die Waorani zu besuchen. Doch ihre Pläne kamen nicht zustande, denn eine große Gruppe der Waorani kam und ermordete Elliot und seine vier Begleiter am 8. Januar 1956. Die verstümmelte Leiche Elliots wurde flussabwärts gefunden, wie auch die der anderen Männer, außer die von Ed McCully.

Elliot und seine Freunde wurden sofort als Märtyrer weltberühmt. Die US-amerikanische Zeitschrift Life Magazine veröffentlichte einen zehnseitigen Artikel über ihre Mission und ihren Tod. Den Männern wird zugeschrieben, dass junge Leute damals ihretwegen anfingen, sich für die Mission zu interessieren. Außerdem gelten sie für christliche Missionare überall als Ermutigung. Nach dem Tod ihres Ehemannes fingen Elisabeth Elliot und andere Missionare an, unter den Aucas zu arbeiten. Sie hinterließen bei den Indianern einen tiefen Eindruck und viele bekehrten sich. Auf diese Weise wurden mit der Liebe Gottes zahlreiche Seelen gewonnen.

Seid niemand irgendetwas schuldig, als nur einander zu lieben! Denn wer den anderen liebt, hat das Gesetz erfüllt. Denn das: „Du sollst nicht ehebrechen, du sollst nicht töten, du sollst nicht stehlen, du sollst nicht begehren", und wenn es ein anderes Gebot gibt, ist in diesem Wort zusammengefasst: „Du sollst deinen Nächsten lieben wie dich selbst." Die Liebe tut dem Nächsten nichts Böses. Die Erfüllung des Gesetzes ist also die Liebe. (Römer 13,8-10)

Die höchste Ebene der Liebe ist die Liebe Gottes für uns. Die Schöpfung aller Dinge und die Erschaffung des Menschen haben ihren Ursprung in der Liebe Gottes.

Gott schuf alle Dinge und den Menschen aus Liebe

Im Anfang hatte Gott den großen Raum des Universums in sich. Es ist ein anderes Universum als das, was wir heute kennen. Es ist ein Ort, der keinen Anfang, kein Ende und keine Grenzen hat. Alles geschieht dort gemäß dem Willen Gottes und gemäß dem, was Er auf dem Herzen hat. Wenn Gott alles tun und haben kann, was Er will, warum schuf Er den Menschen?

Er wollte echte Kinder, mit denen Er die Schönheit Seiner Welt, die Er genoss, teilen konnte. Er wollte den Ort teilen, wo alles wie gewünscht passiert. So denkt der Mensch auch: Wir wollen Gutes mit denen teilen, die wir lieb haben. Mit dieser Hoffnung plante Gott die Menschheitsgeschichte, um echte Kinder zu bekommen.

Als Erstes teilte Er das eine Universum in die physische und die geistliche Welt. Dann schuf Er das himmlische Heer und die Engel, andere geistliche Wesen und Dinge, die für den geistlichen Raum notwendig waren. Er schuf einen Ort, an dem Er wohnen würde und das Königreich der Himmel, wo Seine wahren Kinder leben würden, dazu den Ort, wo die Menschen während der Menschheitsgeschichte sein sollten. Nachdem eine nicht messbare Zeit vergangen war, schuf Er die Erde in der physischen Welt, samt Sonne, Mond und Sterne, die Umwelt und alles, was der Mensch zum Leben brauchen würde.

Es gab zahllose geistliche Wesen um Gott herum, wie zum Beispiel Engel. Doch sie waren bedingungslos gehorsam, ähnlich wie Roboter. Es waren keine Wesen, mit denen Gott Seine Liebe hätte teilen können. Darum schuf Gott den Menschen in Seinem Ebenbild; Er wollte echte Kinder haben, mit denen Er Seine Liebe teilen konnte. Wenn du Roboter mit hübschen Gesichtern haben könntest, die genau das täten, was du wolltest, würdest du sie gegen deine Kinder austauschen? Nein! Selbst wenn deine Kinder ab und an nicht hören, sind sie dennoch viel liebenswürdiger als Roboter, denn sie können Liebe spüren und dir ihre Liebe zeigen. Das Gleiche gilt auch für Gott. Er wollte echte Kinder, mit denen Er Sein Herz teilen würde. Mit dieser Liebe schuf Gott den ersten Menschen: Adam.

Nachdem Er Adam geschaffen hatte, legte Er einen Garten an einem Ort namens Eden im Osten an und brachte ihn dorthin. Den Garten Eden schuf Gott extra wegen Adam. Es ist ein schöner, mysteriöser Ort, an dem Blumen und Bäume gedeihen und bildschöne Tiere herumlaufen. Überall gibt es reichlich Früchte. Es gibt hier und da eine leichte Brise, die sich wie Seide anfühlt und das Gras gibt Flüstertöne von sich. Das Wasser glitzert durch Lichtreflektionen wie kostbare Edelsteine. Selbst mit der besten menschlichen Vorstellungskraft kann man die Schönheit dieses Ortes nicht adäquat beschreiben.

Gott gab Adam auch eine Helferin namens Eva. Das war nicht, weil Adam sich selbst einsam gefühlt hätte. Doch Gott kannte das Herz Adams im Voraus, denn Er war eine lange Zeit allein gewesen. Adam und Eva wandelten mit Gott und genossen die besten Lebensbedingungen. Sehr lange praktizierten sie die große Autorität als Herrscher über die Schöpfung.

Gott erzieht Menschen, um sie zu wahren Kindern zu machen

Adam und Eva fehlte jedoch etwas, um zu echten Kindern Gottes zu werden. Obwohl Gott sie vollkommen liebte, konnten sie die Liebe Gottes nicht wirklich spüren. Sie genossen alles, was Gott ihnen gegeben hatte, aber es gab nichts, das sie sich verdient oder durch eigene Mühe vollbracht hatten. So war ihnen die kostbare Liebe Gottes nicht klar und sie wussten das, was ihnen geschenkt worden war, nicht zu schätzen. Auch erlebten sie weder Tod noch Unglück und kannten dadurch den Wert des Lebens nicht. Darüber hinaus erlebten sie keinen Hass, so dass sie den wahren Wert der Liebe nicht verstanden. Sie hatten davon gehört und wussten es im Kopf, sie konnten wahre Liebe allerdings nicht mit ihrem Herzen wahrnehmen, weil sie sie nie direkt gespürt hatten.

Der Grund, warum Adam und Eva vom Baum der Erkenntnis des Guten und Bösen aßen, steckt in Folgendem: Gott hatte gesagt: „... aber vom Baum der Erkenntnis des Guten und Bösen, davon darfst du nicht essen; denn an dem Tag, da du davon isst, musst du sterben!" Doch ihnen war die Bedeutung des Todes nicht klar (1. Mose 2,17). Wusste Gott denn nicht, dass sie vom Baum der Erkenntnis des Guten und des Bösen essen würden? Doch! Er wusste es, aber Er hatte Adam und Eva einen freien Willen gegeben, so dass sie selbst entscheiden konnten, ob sie gehorsam sein wollten oder nicht. Das war die Vorsehung für die menschliche Zivilisation.

Durch die menschliche Zivilisation sollte die Menschheit Tränen, Leid, Schmerzen, Tod und so weiter erleben, damit sie später im Himmel wirklich wertschätzen konnten, wie kostbar himmlische Dinge sind, und damit sie echtes Glück würden wahrnehmen können. Gott wollte Seine Liebe mit ihnen für immer im Himmel teilen, einem Ort, der mit nichts vergleichbar und der noch schöner als der Garten Eden ist.

Nachdem Adam und Eva dem Wort Gottes gegenüber ungehorsam waren, durften sie nicht mehr im Garten Eden leben. Da Adam die Autorität verloren hatte, über die Schöpfung zu herrschen, wurden auch alle Tiere und Pflanzen verflucht. Bis dahin war die Erde schön und voller Überfluss, doch nun war sie verflucht. Seither bringt sie Dornen und Disteln hervor und der Mensch kann nur noch im Schweiße seines Angesichts ernten.

Doch obwohl Adam und Eva Gott gegenüber ungehorsam waren, machte Er ihnen Kleidung aus Fell, weil sie in einer ganz anderen Umgebung würden leben müssen (1. Mose 3,21). Gottes Herz muss wehgetan haben wie die Herzen von Eltern, die ihre Kinder wegschicken müssen, damit sie sich auf ihre Zukunft vorbereiten können. Trotz der Liebe Gottes war der Mensch schon bald nach Beginn der Menschheitsgeschichte von Sünden befleckt und distanzierte sich sehr schnell von Ihm.

In Römer 1,21-23 heißt es: „weil sie Gott kannten, ihn aber weder als Gott verherrlichten noch ihm Dank darbrachten, sondern in ihren Überlegungen in Torheit verfielen und ihr unverständiges Herz verfinstert wurde. Indem sie sich für Weise ausgaben, sind sie zu Narren geworden und haben die Herrlichkeit des unvergänglichen Gottes verwandelt in das Gleichnis eines Bildes vom vergänglichen Menschen und von Vögeln und von vierfüßigen und kriechenden Tieren."

Dieser sündigen Menschheit zeigte Gott Seine Vorsehung durch Israel, Sein auserwähltes Volk. Solange es gemäß dem Wort Gottes lebte, wirkte Er erstaunliche Zeichen und Wunder und segnete es mächtig. Als es von Gott abwich, Götzendienst betrieb und sündigte, sandte Er viele Propheten, um ihnen Seine Liebe zu zeigen.

Einer dieser Propheten war Hosea; er lebte in einer finsteren Zeit, nachdem Israel in das Nord- und Südreich, Israel und Juda, geteilt wurde.

Eines Tages gab Gott Hosea einen besonderen Auftrag. Er sagte: „Geh, nimm dir eine hurerische Frau und zeuge hurerische Kinder." (Hosea 1,2) Damals war es unvorstellbar, dass ein gottesfürchtiger Prophet eine Prostituierte heiraten sollte. Doch obwohl ihm die Absichten Gottes nicht ganz klar waren, gehorchte Hosea Seinem Wort und heiratete eine Frau namens Gomer.

Gomer bekam drei Kinder, verließ Hosea aber für einen anderen Mann, weil sie tat, worauf sie Lust hatte. Dennoch sagte Gott Hosea, er solle seine Ehefrau lieben (Hosea 3,1). Hosea suchte seine Frau und kaufte sie für 15 Silberschekel und anderthalb Homer Gerste.

Die Liebe Hoseas für Gomer symbolisiert die Liebe Gottes für uns. Gomer, die hurerische Frau, symbolisiert alle Menschen, die von Sünde befleckt sind. So wie Hosea eine Prostituierte heiratete, liebte Gott zuerst uns, die wir von den Sünden der Welt befleckt waren.

Er erwies Seine endlose Liebe und hoffte, dass alle sich vom Tod abwenden und Seine Kinder werden würden. Selbst wenn sie Freundschaften mit der Welt eingingen und sich eine Zeit lang von Ihm abwandten, sagte Er nicht: „Ihr habt Mich verlassen. Ich kann euch nicht mehr zurücknehmen." Nein, Er will, dass alle zu Ihm umkehren und Ihm ist es noch ernster als Eltern, die hier auf der Erde darauf warten, dass ihre von Zuhause weggelaufenen Kinder wieder heimkommen.

Gott bereitete Jesus Christus vor Anbeginn der Zeit vor

Das Gleichnis vom verlorenen Sohn in Lukas 15 zeigt das Herz von Gott dem Vater ganz eindeutig. Der zweite Sohn, der als Kind ein Leben im Überfluss genossen hatte, war nicht dankbar und verstand den Wert des Lebens, das er führen durfte, nicht. So forderte er eines Tages seinen Erbteil im Voraus. Er war ein ganz verzogener junger Mann, der zu Lebzeiten seines Vaters seinen Pflichtteil wollte.

Der Vater konnte den Sohn nicht aufhalten, denn der Sohn verstand das Vaterherz überhaupt nicht. So gab er ihm schließlich seinen Anteil. Der Sohn war glücklich und ging auf Reisen. In dem Moment fing für den Vater der Schmerz an. Er war total besorgt und fragte sich: „Was ist, wenn er verletzt wird? Was ist, wenn er bösen Menschen begegnet?" Der Vater konnte vor Sorge um seinen Sohn kaum schlafen und hielt Ausschau, ob er ihn nicht am Horizont zurückkommen sehen würde.

Bald hatte der Sohn kein Geld mehr und andere Menschen fingen an, ihn zu misshandeln. Er befand sich in einer solch furchtbaren Situation, dass er seinen Hunger mit Schweinefutter stillen musste, weil ihm niemand etwas zu essen gab. Da kam er zur Besinnung und kehrte in sein Elternhaus zurück. Dabei war er so voller Reue, dass er nicht einmal hochschauen wollte. Doch sein Vater rannte ihm entgegen und küsste ihn. Er machte seinem Sohn keinerlei Vorwürfe. Stattdessen war er einfach glücklich, zog ihm die besten Kleider an, ließ ein Kalb schlachten und veranstaltete eine Feier. So ist die Liebe Gottes.

Gottes Liebe wird nicht nur zu besonderen Zeiten an besondere Menschen vergeben. In 1. Timotheus 2,4 heißt es: „[Gott] will, dass alle Menschen gerettet werden und zur Erkenntnis der Wahrheit kommen." Er lässt das Tor zur Errettung immer offen stehen und jedes Mal, wenn eine Seele zu Gott zurückfindet, heißt Er sie froh und glücklich willkommen.

Mit dieser Liebe Gottes, der uns bis zum Ende nicht verlässt, wurde für jeden der Weg zur Errettung gebahnt. Dafür bereitete Gott Seinen einzigen Sohn, Jesus Christus, vor. Wie in Hebräer 9,22 geschrieben steht: „und fast alle Dinge werden mit Blut gereinigt nach dem Gesetz, und ohne Blutvergießen gibt es keine Vergebung", bezahlte Jesus den Preis der Sünde, den die Sünder eigentlich hätten bezahlen müssen, mit Seinem kostbaren Blut und mit Seinem Leben.

In 1. Johannes 4,9 lesen wir etwas über die Liebe Gottes: „Hierin ist die Liebe Gottes zu uns offenbart worden, dass Gott seinen eingeborenen Sohn in die Welt gesandt hat, damit wir durch ihn leben möchten." Gott ließ Jesus Sein teures Blut vergießen, um die Menschen von ihren Sünden zu retten. Jesus wurde gekreuzigt, doch Er überwand den Tod und stand am dritten Tag wieder auf, denn Er hatte nie gesündigt. Dadurch war der Weg zur Erlösung offen. Dass Er uns Seinen einzigen Sohn gab, ist nicht so leicht, wie es klingen mag. In Korea gibt es einen Spruch, der ausdrückt, dass vielen Eltern das Leben ihrer Kinder wichtiger ist als ihr eigenes

Dass Gott Seinen eigenen Sohn hingab, zeigt uns die Liebe schlechthin. Darüber hinaus hat Gott ein Königreich im Himmel für die vorbereitet, die Er durch das Blut Jesu Christi zurückgewonnen hat. Was für eine große Liebe! Aber Gottes Liebe tut noch mehr.

Gott gab uns den Heiligen Geist, um uns in den Himmel zu führen

Gott schenkt denen, die Jesus Christus annehmen und die Vergebung ihrer Sünden empfangen, den Heiligen Geist. Der Heilige Geist ist praktisch das Herz Gottes. Nach der Himmelfahrt des Herrn sandte uns Gott den Helfer, das heißt den Heiligen Geist, in unser Herz.

In Römer 8,26-27 lesen wir. „Ebenso aber nimmt auch der Geist sich unserer Schwachheit an; denn wir wissen nicht, was wir bitten sollen, wie es sich gebührt, aber der Geist selbst verwendet sich für uns in unaussprechlichen Seufzern. Der aber die Herzen erforscht, weiß, was der Sinn des Geistes ist, denn er verwendet sich für Heilige Gott gemäß."

Wenn wir sündigen, bewirkt der Heilige Geist in uns Buße durch unaussprechliche Seufzer. Denen, die schwachen Glauben haben, gibt Er Glauben. Denen, die keine Hoffnung haben, gibt Er Hoffnung. So wie eine Mutter ihre Kinder zärtlich tröstet und für sie sorgt, schenkt Er uns Seine Stimme, damit wir nicht verletzt werden und keinen Schaden nehmen. So lässt Er uns wissen, was Gott, der die Liebe in Person ist, auf dem Herzen hat, und Er führt uns in das Königreich der Himmel.

Wenn wir diese Liebe wirklich verstehen, können wir nicht anders, als Gott auch zu lieben. Wenn wir Gott von ganzem Herzen lieben, beschenkt Er uns im Gegenzug mit einer großartigen, erstaunlichen Liebe, die uns überwältigt. Er beschenkt uns mit Gesundheit und segnet uns, so dass alles gut läuft. Er tut dies aufgrund der Gesetze im geistlichen Raum. Eines ist allerdings noch wichtiger: Er will, dass wir Seine Liebe spüren - und zwar durch den Segen, den wir von Ihm empfangen. „Ich liebe, die mich lieben; und die mich suchen, finden mich." (Sprüche 8,17)

Was hast du gespürt, als du Gott das erste Mal begegnet bist, Heilung oder Lösungen für verschiedene Probleme empfangen hast? Du musst gespürt haben, wie Gott selbst einen Sünder wie dich liebt. Ich glaube, du hast in deinem Herzen das bekannt, was in einem alten Lied steht: „Und könnten alle Menschen schon begreifen Gottes Lieb im Sohn, und wären sie als Schreiber gut zu schildern, was die Liebe tut, so wär zu klein das Himmelszelt, zu fassen, was die ganze Welt zu sagen hätt von Gottes Lieb, die Seinen Sohn vom Himmel trieb" (Evangeliums-Klänge, 1994,

646). Ich denke, du warst von der Liebe Gottes überwältigt, der dir das Geschenk des Himmels gegeben hat, wo es weder Sorgen noch Leid, Krankheiten oder Trennung gibt und wo niemand stirbt.

Wir haben Gott nicht zuerst geliebt. Gott kam zuerst zu uns und streckte uns Seine Hand entgegen. Er liebte uns nicht, weil wir es verdient hätten, von Ihm geliebt zu werden. Gott liebte uns so sehr, dass Er Seinen einzigen Sohn für uns, die wir Sünder waren und deswegen hätten sterben sollen, gab. Er liebte alle Menschen. Er liebt uns alle mit einer Liebe, die größer ist als die einer Mutter, die ihren Säugling nicht vergessen kann (Jesaja 49,15). Er wartet auf uns, als wären tausend Jahre nur ein Tag.

Gottes Liebe ist echte Liebe, die sich auch im Laufe der Zeit nicht verändert. Wenn wir später in den Himmel kommen, wird es atemberaubend sein, wenn wir die wunderschönen Kronen, die strahlend weiße Kleidung und die himmlischen Wohnungen aus Gold und Edelsteinen, die Gott für uns vorbereitet hat, sehen. Er belohnt und beschenkt uns schon hier auf der Erde und Er kann es kaum erwarten, dass wir zu Ihm in die ewige Herrlichkeit eintreten. Lasst uns die große Liebe Gottes spüren.

Die Liebe Christi

„Und wandelt in Liebe, wie auch der Christus uns geliebt und sich selbst für uns hingegeben hat als Opfergabe und Schlachtopfer, Gott zu einem duftenden Wohlgeruch!"
Epheser 5,2

Die Liebe hat die Macht, das Unmögliche möglich zu machen. Die Liebe Gottes und des Herrn ist etwas ganz besonders Erstaunliches. Sie kann inkompetente Leute, die nichts effektiv tun können, in kompetente Leute verwandeln, die alles können. Als ungebildete Fischer, Steuereintreiber, die damals als Sünder galten, Arme, Witwen und von der Welt vernachlässigte Menschen dem Herrn begegneten, wurde ihr Leben vollkommen verändert. Ihre Probleme mit Armut und Krankheiten wurden gelöst und sie spürten wahre Liebe, was davor nie der Fall war. Sie dachten, sie hätten keinen Wert, doch sie wurden wiedergeboren - als herrliche Instrumente Gottes. So stark ist die Liebe.

Jesus kam auf die Erde und ließ die Herrlichkeit des Himmels hinter sich

Im Anfang war Gott das Wort und das Wort kam in einem menschlichen Körper auf die Erde herab: Es war Jesus, der einzige Sohn Gottes. Jesus kam auf die Erde, um die sündige Menschheit zu retten, die auf dem Weg des Todes war. Der Name „Jesus" bedeutet: „Er wird sein Volk retten von seinen Sünden" (Matthäus 1,21).

Die gesamte, von Sünde befleckte Menschheit war nicht anders als das Vieh (Prediger 3,18). Jesus wurde in einem Stall geboren, um die Menschen zu retten, die das, was sie hätten tun sollen, nicht mehr taten und sich stattdessen wie Tiere verhielten. Er wurde in eine Krippe gelegt, die für die Fütterung von Tieren vorgesehen war, um zum wahren Brot für die Menschen zu werden (Johannes 6,51). Damit sollten die Menschen das verlorene Ebenbild Gottes wieder erlangen und die Möglichkeit bekommen, ihre Pflichten zu erfüllen.

Auch heißt es in Matthäus 8,20: „Die Füchse haben Höhlen und die Vögel des Himmels Nester, aber der Sohn des Menschen hat nicht, wo er das Haupt hinlege." Eines Abends fand Er keine Unterkunft und musste draußen übernachten, wo es kalt und nass war. Er musste oft ohne Essen auskommen. Nicht etwa, weil Er unfähig war. Vielmehr wollte Er uns von Armut erlösen. In 2. Korinther 8,9 heißt es: „Denn ihr kennt die Gnade unseres Herrn Jesus Christus, dass er, da er reich war, um euretwillen arm wurde, damit ihr durch seine Armut reich würdet."

Jesus trat Seinen öffentlichen Dienst an und verwandelt bei der Hochzeit zu Kana Wasser in Wein. Er predigte über das Königreich Gottes und wirkte in der Gegend von Judäa und Galiläa Zeichen und Wunder. Viele Aussätzige wurden geheilt, Lahme sprangen auf und fingen an zu gehen. Von Dämonen besessene Menschen wurden von der Macht der Finsternis befreit. Jemand, der seit vier Tagen tot war und schon stank, kam lebendig aus dem Grab (Johannes 11).

Jesus demonstrierte während Seines irdischen Dienstes Erstaunliches, um den Menschen die Liebe Gottes zu zeigen. Da Er ursprünglich mit Gott eins und das Wort selbst war, hielt Er sich vollkommen an das Gesetz, um für uns ein perfektes Vorbild zu sein. Und obwohl Er das gesamte Gesetz einhielt, verurteilte Er diejenigen, die es brachen und dafür hätten sterben sollen, nicht. Vielmehr lehrte Er die Menschen die Wahrheit, damit sie Buße tun und ihre Errettung empfangen konnten.

Würde Jesus jeden Menschen gemäß dem Gesetz streng bewerten, würde niemand errettet werden. Im Gesetz des Herrn stehen die Gebote Gottes, der uns sagt, was wir tun und lassen, ablegen und behalten sollen. Beispielsweise gibt es Gebote wie: „Du sollst den Sabbattag heilig halten. Du sollst nicht das Haus deines Nächsten begehren. Ehre deinen Vater und deine Mutter. Lege alle Formen des Bösen ab." Das ultimative Ziel aller Gesetze war die Liebe. Wenn du dich an alle Ordnungen und Gesetze hältst, kannst du die Liebe praktizieren, zumindest äußerlich.

Doch das, was Gott sich von uns wünscht, ist nicht nur, dass wir das Gesetz in unserem Tun einhalten. Vielmehr will Er, dass wir uns aus Liebe und von ganzem Herzen an das Gesetz halten. Jesus kannte das Herz Gottes sehr genau und erfüllte es mit Liebe. Eines der besten Beispiele hierfür ist die ehebrecherische Frau (Johannes 8). Eines Tages zerrten die Schriftgelehrten und Pharisäer eine Frau, die beim Ehebruch ertappt wurde, aus dem Haus, stellten sie vor das Volk und fragten Jesus: „In dem Gesetz aber hat uns Mose geboten, solche zu steinigen. Du nun, was sagst du?" (Johannes 8,5)

Sie sagten dies bloß, weil sie Gründe finden wollten, um Jesus anklagen zu können. Wie hat sich die Frau deiner Meinung nach wohl in dem Moment gefühlt? Sie muss sich so wegen ihrer Sünde, die nun allen bekannt geworden war, geschämt haben. Sie zitterte bestimmt aus Furcht, dass sie gesteinigt werden sollte. Hätte Jesus gesagt: „Steinigt sie", wäre ihr Leben bei der Steinigung zu Ende gegangen.

Doch Jesus sagt den Leuten nicht, sie sollten die Frau gemäß dem Gesetz bestrafen. Stattdessen bückte Er sich und schrieb mit dem Finger auf die Erde. Es waren wohl die Sünden, die Menschen gewöhnlich begingen. Nachdem Er ihre Sünden aufgeschrieben hatte, stand Er auf und sagte „Wer von euch ohne Sünde ist, werfe als Erster einen Stein auf sie" (Vers 7). Daraufhin bückte Er sich wieder und schrieb auf die Erde.

Dieses Mal schrieb Er die Sünden der Umherstehenden auf, als hätte Er gesehen, wann, wo und wie sie gesündigt hatten. Diejenigen, deren Gewissen sich regte, gingen nacheinander fort. Schließlich waren nur noch Jesus und die Frau das. In den Versen 10 und 11 heißt es: „Jesus aber richtete sich auf und sprach zu ihr: Frau, wo sind sie? Hat niemand dich verurteilt? Sie aber sprach: Niemand, Herr. Jesus aber sprach zu ihr: Auch ich verurteile dich nicht. Geh hin und sündige von jetzt an nicht mehr!"

Wusste die Frau nicht, dass die Strafe für Ehebruch die Steinigung war? Natürlich wusste sie das. Sie kannte das Gesetz, aber sie beging die Sünde dennoch, weil sie ihre Lust nicht überwinden konnte. So wartete sie nur darauf, für ihre Sünde, die offenbart wurde, gesteinigt zu werden. Aber dann erlebte sie die Vergebung Jesus - etwas, was sie nicht erwartet hatte. Wie tief muss sie davon berührt gewesen sein! Solange sie sich die Liebe Jesu vor Augen hielt, brauchte sie nicht mehr zu sündigen.

Da Jesus der Frau, die gegen das Gesetz verstoßen hatte, aus Liebe vergab, heißt das, dass das Gesetz außer Kraft gesetzt wird, wenn wir Gott und unseren Nächsten lieben? Nein. Jesus sagt: „Meint nicht, dass ich gekommen sei, das Gesetz oder die Propheten aufzulösen; ich bin nicht gekommen aufzulösen, sondern zu erfüllen." (Matthäus 5,17)

Wir können den Willen Gottes vollkommener praktizieren, weil wir das Gesetz haben. Wenn jemand einfach sagt, er liebe Gott, können wir nicht sagen, wie tief oder weit seine Liebe ist. Doch das Ausmaß seiner Liebe kann überprüft werden, weil wir das Gesetz haben. Wenn er Gott wirklich von ganzem Herzen liebt, wird er es definitiv einhalten. Für so jemanden ist es nicht schwierig, das Gesetz zu halten. Hinzu kommt, dass in dem Maße, wie er das Gesetz ordnungsgemäß einhält, er die Liebe und den Segen Gottes empfangen wird.

Doch die religiösen Leute zu Jesu Lebzeiten interessierten sich nicht für die Liebe Gottes, die im Gesetz enthalten war. Sie konzentrierten sich nicht darauf, ihr Herz zu heiligen, sondern hielten sich nur an die Formalitäten. Sie waren zufrieden und stolz, dass sie das Gesetz äußerlich einhielten. Sie bildeten sich sogar ein, sie hielten sich genau an das Gesetz und verurteilten und verdammten alle sofort, die dagegen verstießen. Doch als Jesus die wahre Bedeutung dessen, was im Gesetz enthalten war, erklärte und sie etwas über das Herz Gottes lehrte, behaupteten sie, Jesus läge falsch und sei von Dämonen besessen.

Da die Pharisäer keine Liebe hatten, brachte es ihnen gar nichts, dass sie das Gesetz äußerlich einhielten (1. Korinther 13,1-3). Sie legten das Böse in ihrem Herzen nicht ab, sondern verurteilten und verdammten andere, wodurch sie sich von Gott distanzierten. Am Ende begingen sie die Sünde, dass sie den Sohn Gottes, kreuzigten - etwas, was nicht rückgängig gemacht werden konnte.

Jesus ging gemäß der Vorsehung ans Kreuz und war bis in den Tod gehorsam

Am Ende Seines dreijährigen Dienstes ging Jesus kurz vor Seinem Leidensweg auf den Ölberg. Je weiter die Nacht voranschritt, desto intensiver betete Er bezüglich der vor Ihm liegenden Kreuzigung. Sein Gebet war ein Schrei für alle Seelen, die durch Sein vollkommen unschuldiges Blut gerettet werden sollten. In Seinem Gebet erbat Er sich Kraft, die Leiden am Kreuz zu überwinden. Er betete eifrig und Sein Schweiß wurde wie große Blutstropfen, die auf die Erde herabfielen (Lukas 22,42-44).

In jener Nacht wurde Jesus von Soldaten festgenommen und zum Verhör an mehrere Orte gezerrt. Schließlich wurde Er unter Pilatus zum Tode verurteilt. Die römischen Soldaten setzten Ihm einen Dornenkrone auf und bespuckten und schlugen Ihn, bevor sie Ihn an den Ort der Kreuzigung führten (Matthäus 27,28-31).

Sein Körper war blutüberströmt. Er wurde verachtet und die ganze Nacht geschlagen. Mit diesem Leib schleppte Er Sein Kreuz nach Golgatha hinauf. Eine große Menschenmenge folgt Ihm. Kurz davor hatten sie Ihm noch „Hosanna" zugerufen, doch nun schrie die Menge: „Kreuzigt Ihn!" Jesu Gesicht war so blutig, dass man Ihn nicht mehr wiedererkennen konnte. Aufgrund der schmerzenden Wunden, die man Ihm durch die Folter beigefügt hatte, war Er erschöpft und jeder Schritt fiel Ihm unendlich schwer.

Nachdem Er auf Golgatha angekommen war, wurde Jesus gekreuzigt, um uns von unseren Sünden zu befreien. Um uns, die wir unter dem Fluch des Gesetzes lebten, wonach der Lohn für die Sünde der Tod ist (Römer 6,23), zu erlösen, hing Er an einem hölzernen Kreuz und vergoss all Sein Blut. Er vergab uns unsere Sünden, die wir in Gedanken begehen, mit der Dornenkrone. Er wurde an Händen und Füßen festgenagelt, um uns die Sünden zu vergeben, die wir mit unseren Händen und Füßen begehen.

Die törichten Leute, die dies nicht wussten, verspotteten und verhöhnten Jesus, während Er am Kreuz hing (Lukas 23,35-37).

Doch selbst unter diesen unerträglichen Schmerzen betete Jesus für Vergebung für die, die Ihn kreuzigten, wie es in Lukas 23,34 festgehalten ist: „Vater, vergib ihnen! Denn sie wissen nicht, was sie tun."
Eine Kreuzigung ist eine der grausamsten Methoden der Exekution. Der Verurteilte muss länger leiden, als bei anderen Bestrafungen. Hände und Füße werden durchbohrt und das Fleisch auseinander gerissen. Das Opfer verdurstet qualvoll und die Blutzirkulation funktioniert nicht mehr richtig, was zu einem langsamen Ausfall der inneren Organe führt. Der Betroffene muss auch die Schmerzen ertragen, die von den Insekten ausgelöst werden, die vom Geruch seines Blutes angelockt werden.

Woran dachte Jesus deiner Meinung nach, als Er am Kreuz hing? Es waren nicht die unaussprechlichen Schmerzen in Seinem Leib. Stattdessen dachte Er an den Grund, warum Gott die Menschen geschaffen hatte, an die Bedeutung der Zivilisation auf der Erde und warum Er sich selbst als Sühneopfer für die Menschheit hingeben musste. Und Er dankte Gott von ganzem Herzen.

Nachdem Jesus sechs Stunden lang am Kreuz gelitten hatte, sagte Er: „Mich dürstet." (Johannes 19,28) Es war ein geistlicher Durst - der Durst, Seelen zu gewinnen, die sich auf dem Weg des Todes befanden. Er dachte an die unzähligen Menschen, die in Zukunft auf der Erde leben würden, und bat uns, die Botschaft vom Kreuz weiterzugeben, um Seelen zu retten.

Am Ende rief Jesus: „Es ist vollbracht." (Johannes 19,30) Er tat Seinen letzten Atemzug und sagte: „Vater, in deine Hände übergebe ich meinen Geist." (Lukas 23,46) Er übergab Seinen

Geist in die Hände des Vaters, weil Er Seine Pflicht auf der Erde getan und den Menschen den Weg zur Errettung gebahnt hatte, indem Er selbst zum Sühneopfer wurde. Das war der Augenblick, in dem der größte Liebesbeweis aller Zeiten erbracht wurde.

Da wurde die Mauer der Sünde, die Gott und die Menschheit getrennt hatte, eingerissen und seither ist es uns möglich, direkt mit Gott zu sprechen. Davor musste ein Hohepriester Opfer für die Vergebung der Sünden des Volkes bringen, doch das ist nun nicht mehr der Fall. Jeder, der an Jesus Christus glaubt, kann ins Heiligtum Gottes kommen und Gott direkt anbeten.

Jesus bereitet in Seiner Liebe himmlische Wohnungen vor

Bevor Jesus das Kreuz auf sich nahm, sagte Er zu Seinen Jüngern, etwas über das, was kommen würde. Er teilte Ihnen mit, Er würde das Kreuz gemäß der Vorsehung von Gott dem Vater auf sich nehmen müssen. Doch Seine Jünger machten sich Sorgen. Dann erklärte Er ihnen etwas über die Wohnungen im Himmel, um sie zu trösten.

In Johannes 14,1-3 heißt es: „Euer Herz werde nicht bestürzt. Ihr glaubt an Gott, glaubt auch an mich! Im Hause meines Vaters sind viele Wohnungen. Wenn es nicht so wäre, würde ich euch gesagt haben: Ich gehe hin, euch eine Stätte zu bereiten? Und wenn ich hingehe und euch eine Stätte bereite, so komme ich wieder und werde euch zu mir nehmen, damit auch ihr seid, wo ich bin." Fakt ist, dass Er den Tod überwand, wieder auferstand und vor vielen Zeugen in den Himmel aufstieg, um dort himmlische Wohnungen für uns vorzubereiten. Was bedeutet die

Aussage: „Ich gehe hin, euch eine Stätte zu bereiten"?

In Johannes 2,2 lesen wir: „Und er ist die Sühnung für unsere Sünden, nicht allein aber für die unseren, sondern auch für die ganze Welt." Wie erwähnt bedeutet dies, dass jeder durch Glauben in den Himmel kommen kann, weil Jesus die Mauer der Sünde zwischen Gott und uns eingerissen hat.

Außerdem sagte Jesus, „Im Hause meines Vaters sind viele Wohnungen" und wir lesen, dass Er will, dass alle errettet werden. Er sagte nicht, es gäbe viele Wohnungen im „Himmel", sondern „im Hause des Vaters", denn wir alle können Gott „Abba, Vater" nennen - dank dessen, was das kostbare Blut Jesu bewirkt hat.

Der Herr verwendet sich unaufhörlich in der Fürbitte für uns. Er betet vor dem Thron Gottes, ohne zu essen und zu trinken. (Matthäus 26,29) Er betet, dass wir auf der Erde für die menschliche Zivilisation den Sieg erringen und die Herrlichkeit Gottes offenbart wird, indem Er es unseren Seelen gut gehen lässt.

Wenn die Geschichte der Menschheit einst zu Ende ist und das Jüngste Gericht stattfindet, wird Er immer noch für uns aktiv werden. Vor Gericht wird jeder für das, was er getan hat, beurteilt. Doch der Herr wird der Anwalt der Kinder Gottes sein und plädieren: „Ich habe ihre Sünden mit Meinem Blut weggewaschen", damit sie eine bessere Wohnung und größere Belohnungen im Himmel bekommen. Weil Er auf die Erde kam und selbst alles durchmachte, was die Menschen erleben, wird Er für sie als Anwalt auftreten können. Wie können wir die Liebe Christi vollkommen begreifen?

Gott erwies uns Seine Liebe durch Seinen einzigen Sohn, Jesus Christus. Dies ist die Liebe, mit der Jesus selbst Sein Blut vergoss -

bis auf den letzten Tropfen. Es ist eine bedingungslose und unveränderliche Liebe, mit der Er uns siebzigmal sieben vergibt. Wer könnte uns von dieser Liebe trennen?

In Römer 8,38-39 proklamiert Paulus: „Denn ich bin überzeugt, dass weder Tod noch Leben, weder Engel noch Gewalten, weder Gegenwärtiges noch Zukünftiges, noch Mächte, weder Höhe noch Tiefe, noch irgendein anderes Geschöpf uns wird scheiden können von der Liebe Gottes, die in Christus Jesus ist, unserem Herrn."

Der Apostel Paulus kannte die Liebe Gottes und die Liebe Christi und gab sein Leben vollkommen hin, um den Willen Gottes zu tun und als Apostel zu leben. Er gab alles, um den Heiden das Evangelium zu bringen. Er lebte die Liebe Gottes aus und zeigte unzähligen Seelen den Weg zur Errettung.

Obwohl er früher als „der Anführer der Nazarener-Sekte" bezeichnet wurde, weihte Paulus sein ganzes Leben dem Predigen. Er verbreitete die Liebe Gottes und des Herrn auf der ganzen Erde, eine Liebe, die tiefer und breiter ist, als wir uns das jemals vorstellen könnten. So bete ich im Namen des Herrn Jesus, dass du zu einem wahren Kind Gottes wirst, welches das Gesetz aus Liebe erfüllt und dass du für immer in den schönsten Wohnungen im neuen Jerusalem leben und die Liebe Gottes und die Liebe Christi genießen wirst.

Der Autor:
Dr. Jaerock Lee

Dr. Jaerock Lee wurde 1943 in Muan in der Provinz Jeonnam in der Republik Korea geboren. Zwischen seinem 20. und 30. Lebensjahr litt Dr. Lee sieben Jahre lang unter vielen unheilbaren Krankheiten und wartete nur noch auf den Tod, denn Hoffnung auf Heilung gab es nicht. Eines Tages im Frühling 1974 nahm ihn seine Schwester allerdings mit in eine Kirche und als er sich zum Gebet hinkniete, heilte ihn der lebendige Gott sofort von all seinen Krankheiten.

Seit Dr. Lee dem lebendigen Gott auf diese wunderbare Weise begegnete, liebt er Ihn aufrichtig und von ganzem Herzen. Im Jahr 1978 wurde er zum Diener Gottes berufen. Er betete und fastete eifrig, denn er wollte den Willen Gottes klar verstehen und erfüllen und dem Wort Gottes gehorchen. Im Jahr 1982 gründete er in Seoul die Manmin-Gemeinde und seither sind in seiner Gemeinde unzählige Werke Gottes, einschließlich herrlicher Heilungen und Wunder, geschehen.

Dr. Lee wurde 1986 auf der Jahresversammlung der koreanischen Jesusgemeinde in Sungkyul zum Pastor geweiht. Vier Jahre später, also 1990, begann die Übertragung seiner Botschaften in Australien, Russland, auf den Philippinen und in vielen anderen Ländern durch Rundfunkanstalten wie die Far East Broadcasting Company, die Asia Broadcast Station und das Washington Christian Radio System.

Drei Jahre später, 1993, wurde die Manmin-Gemeinde von der US-amerikanischen Zeitschrift Christian World zu einer der „Top 50-Gemeinden der Welt" gewählt und Dr. Lee erhielt vom Christian Faith College in Florida den Ehrendoktortitel; 1996 bekam er den Doktortitel vom Kingsway Theological Seminary in Iowa.

Seit 1993 spielt Dr. Lee eine führende Rolle in der Weltmission durch viele Großevangelisationen in Übersee, zum Beispiel in Tansania, Argentinien, L.A., Baltimore City, Hawaii und New York City, in Uganda, Japan, Pakistan, Kenia, auf den Philippinen, in Honduras, Indien, Russland, Deutschland, Peru, in der Demokratischen Republik Kongo und in Israel.

Im Jahr 2002 bezeichneten ihn große christliche Zeitungen in Korea aufgrund seiner verschiedenen Großevangelisationen in Übersee als „global tätigen Erweckungsprediger." Beispielsweise wurde seine Großveranstaltung im weltweit berühmten Madison Square Garden in New York im Jahr 2006 in 220 Länder übertragen. Bei der Großevangelisation 2009 im Internationalen Konferenzzentrum von Jerusalem verkündete er kühn, dass Jesus Christus der Messias und Retter ist.

Seine Botschaften werden in 176 Ländern per Satellit ausgestrahlt, darunter von GCN TV. In den Jahren 2009 und 2010 galt er als einer der zehn einflussreichsten christlichen Leiter, wie die bekannte russische Zeitschrift Im Sieg und die Nachrichtenagentur Christlicher Telegraf (Christian Telegraph) meldeten - und zwar aufgrund seines mächtigen Fernsehdienstes und weil er auch in Übersee seinem pastoralen Dienst nachgeht.

Im Mai 2013 zählte die Manmin-Gemeinde über 120.000 Mitglieder. Es gibt in Korea und überall auf dem Globus verteilt 10.000 Tochtergemeinden, darunter 56 in Korea. Bisher sind 129 Missionare in über 23 Länder entsandt worden, wie zum Beispiel in die Vereinigten Staaten, nach Russland, Deutschland, Kanada, Japan, China, Frankreich, Indien, Kenia und in viele andere Nationen.

Zur Zeit dieser Veröffentlichung hat Dr. Lee 64 Bücher geschrieben, darunter Bestseller wie Schmecket das ewige Leben vor dem Tod, Mein Leben, Mein Glaube: Teil 1 und 2, Die Botschaft vom Kreuz, Das Maß des Glaubens, Der Himmel: Teil 1 und 2, Die Hölle und Die Kraft Gottes. Seine Werke sind in über 75 Sprachen übersetzt worden.

Dr. Lees christlichen Kolumnen erscheinen in The Hankook Ilbo, The JoongAng Daily, The Dong-A Ilbo, The Munhwa Ilbo, The Seoul Shinmun, The Kyunghyang Shinmun, The Hankyoreh Shinmun, The Korea Economic Daily, The Korea Herald, The Shisa News und The Christian Press.

Dr. Lee leitet unter anderem die folgenden Missionsorganisationen und -vereine oder bekleidet andere wichtige Positionen in ihnen: Vorsitzender der United Holiness Church of Jesus Christ, Präsident von Manmin World Mission; ständiger Präsident von The World Christianity Revival Mission Association; Gründer und Aufsichtsratsmitglied beim Global Christian Network (GCN); Gründer und Aufsichtsratsmitglied beim The World Christian Doctors Network (WCDN) und Gründer und Aufsichtsrat von der Bibelschule Manmin International Seminary (MIS).

Andere mächtige Bücher von diesem Autor

Der Himmel I & II

Eine detaillierte Darstellung der herrlichen Lebensumstände der Bewohner des Himmels und eine wunderschöne Beschreibung der verschiedenen Ebenen in den himmlischen Königreichen.

Die Botschaft vom Kreuz

Ein mächtiger Weckruf an alle Menschen, die geistlich schlafen! In diesem Buch finden sie den Grund, warum Jesus der einzige Retter ist und die echte Liebe Gottes verkörpert.

Die Hölle

Eine ernste Botschaft Gottes an die gesamte Menschheit; Er will nicht, dass auch nur eine Seele in die Tiefen der Hölle abstürzt! Sie werden die bisher noch nie veröffentlichte, grausame Realität des Abgrunds und der Hölle entdecken.

Geist, Seele und Leib I & II

Wenn man Geist, Seele und Leib, also die Teile, aus denen der Mensch besteht, geistlich erfasst, kann man sich selbst betrachten und Einblick in das Leben an sich bekommen.

Das Maß des Glaubens

Was für einen Wohnung, Krone und Belohnung stehen für Sie im Himmel bereit? Dieses Buch schenkt Ihnen Weisheit und hilft Ihnen, Ihren Glauben zu messen und den besten und reifsten Glauben zu entwickeln.

Wache auf, Israel

Warum ruht Gottes Auge schon vom Anbeginn der Welt bis zum heutigen Tage immer auf Israel? Was hat Er für das Israel, das immer noch auf den Messias wartet, gemäß Seiner Vorsehung für die Endzeit vorbereitet?

Mein Leben, mein Glaube I & II

Ein duftendes, geistliches Aroma entspringt einem Leben, das aufblühte mit einer unvergleichlichen Liebe – mitten unter dunklen Wellen, kalten Jochen und tiefer Verzweiflung.

Die Kraft Gottes

Diese wichtige Anleitung muss man gelesen haben, so dass man echten Glauben haben und die wunderbare Kraft Gottes erleben kann.

---

www.urimbooks.com

www.ingramcontent.com/pod-product-compliance
Lightning Source LLC
LaVergne TN
LVHW021812060526
838201LV00058B/3352